Wie hoch wird meine Rente?

Klaus Möcks/Andrea Schmitt

WIE HOCH WIRD MEINE RENTE?

Mit Tabellen zur Selbstberechnung
Rechtsstand Oktober 1996

Im FALKEN Verlag sind zahlreiche Titel zum Thema „Finanzen" erschienen.
Bitte fragen Sie in Ihrer Buchhandlung.

Dieses Buch wurde auf chlorfrei gebleichtem
und säurefreiem Papier gedruckt.

Die Deutsche Bibliothek – CIP-Einheitsaufnahme

Möcks, Klaus:
Wie hoch wird meine Rente? : mit Tabellen zur
Selbstberechnung / Klaus Möcks/Andrea Schmitt. – Orig.-Ausg.
– Niedernhausen/Ts. : FALKEN TaschenBuch, 1996
ISBN 3-635-60209-4
NE: Schmitt, Andrea

Originalausgabe
ISBN 3 635 60209 4

© 1996 by Falken-Verlag GmbH, 65527 Niedernhausen/Ts.
Die Verwertung der Texte und Bilder, auch auszugsweise, ist ohne Zustimmung des
Verlags urheberrechtswidrig und strafbar. Dies gilt auch für Vervielfältigungen, Übersetzungen, Mikroverfilmung und für die Verarbeitung mit elektronischen Systemen.

Umschlaggestaltung: Rincón² Design & Produktion, Köln
Gestaltung: Horst Bachmann
Redaktion: Oliver Dött, Mainz/Sabine Weeke
Herstellung und Satz: Kristiane Klas, Frankfurt/Beate Müller-Behrens
Titelbild: Bavaria, Düsseldorf/TCL
Druck: Ebner Ulm

Die Ratschläge in diesem Buch sind von den Autoren und dem Verlag sorgfältig erwogen
und geprüft, dennoch kann eine Garantie nicht übernommen werden. Eine Haftung der
Autoren bzw. des Verlags und seiner Beauftragten für Personen-, Sach- und Vermögensschäden ist ausgeschlossen.

Inhalt

Einleitung 7

Die Rentenarten 10
Renten wegen Alters 10
Renten wegen verminderter Erwerbsfähigkeit 11
Renten wegen Todes 12

Leistungsvoraussetzungen 14
Zeitliche Voraussetzungen (Wartezeiten) 14
Altersmäßige Voraussetzungen 16
Medizinische Voraussetzungen 17
Sondervoraussetzungen für Berufs- und
Erwerbsunfähigkeitsrenten 18

Beitragszeiten 20
Pflichtbeitragszeiten 20
Freiwillige Beitragszeiten 26
Kindererziehungszeiten 29
Zeiten einer Pflegetätigkeit 36

Beitragsfreie Zeiten und Berücksichtigungszeiten 39

Die Höhe der Rente 44
Rentenberechnung für einen kontinuierlichen
Versicherungsverlauf 45
Rentenberechnung für einen unvollständigen
Versicherungsverlauf 56
Wie hoch wird meine Rente? 59

Vorzeitige Altersrenten 70
Altersgrenze von 60 Jahren für Frauen 71
Altersgrenze von 60 Jahren wegen Arbeitslosigkeit 75
Altersgrenze von 63 Jahren 77

INHALT

Hinzuverdienst und Rente	80
Rente wegen Berufsunfähigkeit	80
Rente wegen Erwerbsunfähigkeit	82
Altersrenten als Vollrenten	83
Altersrenten als Teilrenten	84
Einkommensanrechnung bei Hinterbliebenenrenten	85
Kranken- und Pflegeversicherung als Rentner	90
Rente und Steuern	94
Versorgungsausgleich bei Ehescheidung	97
Betriebliche Altersversorgung	104
Direktzusage	104
Direktversicherung	107
Ergänzende Maßnahmen (Eigenvorsorge)	113
Lebensversicherung	115
Private Rentenversicherung	121
Risikoversicherungen	126
Sonstige kapitalbildende Maßnahmen	128
Prüfliste für die Rentenunterlagen	129
Tabellenanhang	135
Anschriftenverzeichnis	143
Kleines Wörterbuch der gesetzlichen Rentenversicherung	146
Register	151

Einleitung

Wer die Diskussion der letzten Monate zum Thema „Rente" verfolgt hat, konnte erkennen, daß sich das System der gesetzlichen Rentenversicherung in einer großen Krise befindet. Möglicherweise handelt es sich sogar um die größte Krise der gesetzlichen Rentenversicherung seit ihrer Gründung vor mehr als hundert Jahren. *Rentenversicherung in der Krise*

Welche Umstände haben dazu geführt, daß die gesetzliche Rentenversicherung derartige Probleme hat, daß selbst die Bundesregierung das Rentensystem nicht mehr schönredet, sondern offen zugesteht, daß die Renten für die jetzigen Rentenbezieher sicher sind, daß aber künftige Rentnergenerationen umdenken müssen?

In erster Linie ergeben sich die Probleme aus dem Finanzierungssystem, dem sogenannten Umlageverfahren. Dieses ist so angelegt, daß die derzeitigen Beitragszahler die heutigen Rentenbeträge aufbringen. Ein Blick in die Statistik zeigt, daß *Umlageverfahren*

- die Zahl der Beitragszahler abgenommen hat bzw. abnimmt
- die Zahl der Rentenbezieher ständig anwächst
- die Menschen immer älter werden und somit länger Rente beziehen.

Zumindest diese Positionen sind jedoch keine Phänomene, die gewitterartig über das Rentenversicherungssystem einbrachen. Bereits seit Mitte der sechziger Jahre sind diese Faktoren offenkundig, haben Experten

EINLEITUNG

und Statistiker gewarnt. Hier muß man klar feststellen, daß die Politik versagt hat, und zwar nicht nur die Politik der jeweiligen Regierungspartei, sondern auch die der Opposition, weil in den entscheidenden Fragen der Rentenpolitik immer ein Konsens zwischen Regierung und Opposition bestand.

Zwischen 1972 und 1976 erkannten auch die Politiker ihre Fehlentscheidungen. Trotzdem wurde das Rentensystem als unantastbar und absolut sicher dargestellt; es galt für die Regierung, die bevorstehende Wahl zu gewinnen. Ab 1976 folgten sodann in regelmäßigen Abständen gesetzliche Änderungen, die das bis dahin erreichte Rentenniveau wieder reduzierten. So wurden in den Jahren bis etwa 1990 unter anderem folgende Änderungen zum Nachteil der künftigen Rentenbezieher vollzogen:

Abbau des Rentenniveaus

- Einführung der beitragspflichtigen Krankenversicherung der Rentner
- Einkommensanrechnung bei Hinterbliebenenrenten
- Abwertung der Ausbildungszeiten, also der Schul-, Fachschul- und Hochschulausbildung
- Erschwerung des Bezuges von Berufs- und Erwerbsunfähigkeitsrenten.

Viele kleinere, von den Beitragszahlern, also den künftigen Rentnern, nicht erkennbare Änderungen ergänzten den vorstehenden Katalog. Insgesamt führten die sich überwiegend bei den künftigen Rentnern auswirkenden Änderungen zwischen 1976 und 1990 zu Minderungen des Rentenniveaus von bis zu 25 Prozent.

Ab Mitte der achtziger Jahre reagierte die Politik auf das Problem der Bevölkerungsentwicklung und plante eine neue Rentenreform, die am 1.1.1992 in Kraft trat und zahlreiche weitere Änderungen brachte.

Einleitung

Der vorliegende Rentenratgeber soll Ihnen helfen, die Veränderungen der vergangenen Jahre zu verstehen, und Sie darüber aufklären, wie sicher Ihre Rente tatsächlich ist, welche Leistungen Ihnen gewährt werden und wie hoch Ihre Rente später einmal sein wird. Er gibt Ihnen mit seinen zahlreichen Hinweisen und Beispielen eine Entscheidungshilfe dafür, ob und in welchem Umfang Sie ergänzende Vorsorgemaßnahmen ergreifen sollten.

Der Rentenratgeber berücksichtigt aktuell auch erst jüngst beschlossene Änderungen; Rechtsstand ist der Oktober 1996.

Die Rentenarten

Die gesetzliche Rentenversicherung kennt im wesentlichen die folgenden Rentenarten, die mit dem Rentenreformgesetz zum 1.1.1992 in drei Gruppen eingeteilt wurden:
- Renten wegen Alters
- Renten wegen verminderter Erwerbsfähigkeit
- Renten wegen Todes.

Renten nur auf Antrag Diese Renten können bei Vorliegen der rentenrechtlichen Voraussetzungen (siehe Kapitel "Leistungsvoraussetzungen", Seite 14 ff.) bezogen werden. Wichtig ist in diesem Zusammenhang, daß Renten nur auf Antrag gewährt werden. Es ist also nicht so, daß beispielsweise automatisch mit Vollendung des 65. Lebensjahres die Altersrente gewährt wird.

Bevor nun die der jeweiligen Rentenart zuzuordnenden Renten vorgestellt werden, noch der Hinweis, daß auf die Darstellung weniger häufig erscheinender Renten, zum Beispiel der Rente für Bergleute, aus Gründen der Übersichtlichkeit verzichtet wurde.

Renten wegen Alters

Hierzu gehören alle Renten, die nach erfüllten Voraussetzungen wegen des Erreichens bestimmter Altersgrenzen gewährt werden. Im einzelnen sind dies:

- Altersrente wegen Erreichens der Regelaltersgrenze (65. Lebensjahr)
- Altersrente für langjährig Versicherte
- Altersrente für Schwerbehinderte, Berufs- oder Erwerbsunfähige
- Altersrente wegen Arbeitslosigkeit und nach Altersteilzeitarbeit
- Altersrente für Frauen.

Die Renten wegen Alters können sowohl als Vollrente als auch als Teilrente zu einem Drittel, der Hälfte oder zwei Drittel in Anspruch genommen werden. Wird eine Teilrente beantragt, dann kann in eingeschränktem Umfang weiterhin eine Berufstätigkeit ausgeübt werden (siehe Kapitel "Hinzuverdienst und Rente", Seite 80 ff.).

Voll- und Teilrente

Renten wegen verminderter Erwerbsfähigkeit

Diese Renten werden gewährt, wenn aufgrund gesundheitlicher Beeinträchtigungen die berufliche Tätigkeit nicht mehr oder nur noch eingeschränkt ausgeübt werden kann. Zu den Renten wegen verminderter Erwerbsfähigkeit gehören
- Renten wegen Berufsunfähigkeit
- Renten wegen Erwerbsunfähigkeit.

DIE RENTENARTEN

Renten wegen Todes

Zu den Renten wegen Todes, also den Hinterbliebenenrenten, gehören
- Witwenrente
- Witwerrente
- Halbwaisenrente
- Vollwaisenrente
- Erziehungsrente.

Die vorgenannten Altersrenten, Renten wegen verminderter Erwerbsfähigkeit und die Renten wegen Todes können nur dann bezogen werden, wenn die für die Gewährung erforderlichen Voraussetzungen erfüllt sind. Auf diese Leistungsvoraussetzungen wird in dem nun folgenden Abschnitt eingegangen. Zuvor soll jedoch noch auf zwei Besonderheiten hingewiesen werden. Es handelt sich hierbei um die Witwen- bzw. Witwerrente und um die Erziehungsrente.

Große Witwen(r)rente

Bei der Witwen- bzw. Witwerrente wird unterschieden zwischen der großen Witwen(r)rente und der kleinen Witwen(r)rente. Die große Witwen(r)rente (sie beträgt 60 Prozent der Alters- oder Erwerbsunfähigkeitsrente des verstorbenen Versicherten) wird nur gewährt, wenn die Witwe bzw. der Witwer
- das 45. Lebensjahr vollendet hat oder
- mindestens ein waisenrentenberechtigtes Kind erzieht oder
- selbst berufs- oder erwerbsunfähig ist.

Kleine Witwen(r)rente

Ist keine dieser drei genannten Voraussetzungen erfüllt, dann wird lediglich die kleine Witwen- bzw. Witwerrente in Höhe von 25 Prozent der Alters- oder Erwerbsunfähigkeitsrente des verstorbenen Versicherten gewährt.

Zur Erziehungsrente ist anzumerken, daß diese dann gewährt werden kann, wenn nach einer Ehescheidung der unterhaltsverpflichtete Ehepartner verstirbt und somit ein Unterhaltsanspruch nicht mehr geltend gemacht werden kann. Sofern zum Zeitpunkt des Todes des unterhaltsverpflichteten geschiedenen Ehepartners von dem anderen Ehepartner ein Kind erzogen wird, besteht ein Anspruch auf die Erziehungsrente. Als Erziehungsrente gilt der eigene Rentenanspruch des unterhaltsberechtigten Ehepartners. In der Regel wird dies die frühere Ehefrau sein, die möglicherweise nur über relativ geringe Rentenansprüche verfügt, weil sie wegen der Kindererziehung aus dem Berufsleben ausgeschieden ist. Gerade dann, wenn eine Ehe geschieden wurde, aus der möglicherweise Kinder hervorgegangen sind, kann es im Falle des Todes des Unterhaltsverpflichteten zu finanziellen Problemen kommen. Gegebenenfalls können diese durch die Gewährung einer Waisenrente etwas gemildert werden.

Erziehungsrente

Leistungsvoraussetzungen

Die Voraussetzungen, die zum Bezug einer Rente erfüllt sein müssen, können unterteilt werden in
- zeitliche Voraussetzungen (Wartezeiten)
- altersmäßige Voraussetzungen
- medizinische Voraussetzungen
- Sondervoraussetzungen für Berufs- oder Erwerbsunfähigkeitsrenten.

Zeitliche Voraussetzungen (Wartezeiten)

Beiträge und Zeiten Unter zeitlichen Voraussetzungen versteht man die Entrichtung von Beiträgen (siehe Kapitel „Beitragszeiten", Seite 20 ff.) für eine bestimmte Anzahl von Monaten oder Jahren. Auch sogenannte Ersatzzeiten und Anrechnungszeiten (siehe Kapitel „Beitragsfreie Zeiten und Berücksichtigungszeiten", Seite 39 ff.) zählen bei der Erfüllung bestimmter Wartezeiten mit. Im wesentlichen gelten die in der Tabelle auf der nächsten Seite aufgeführten Wartezeiten.

Zu diesen Wartezeiten ist folgendes ergänzend anzumerken: Bei der Wartezeit von 60 Monaten handelt es sich um reine Beitragszeiten (in wenigen Fällen einschließlich der Ersatzzeiten), das heißt, für diese Zeit

Zeitliche Voraussetzungen (Wartezeiten)

Rentenart	Wartezeit Monate
Berufsunfähigkeitsrente	60
Erwerbsunfähigkeitsrente	60
Witwen- bzw. Witwerrente	60
Halbwaisen- bzw. Vollwaisenrente	60
Altersrente mit Vollendung des 65. Lebensjahres	60
Altersrente für langjährig Versicherte mit Vollendung des 63. Lebensjahres	420
Altersrente mit Vollendung des 60. Lebensjahres für Schwerbehinderte, Berufs- oder Erwerbsunfähige	420
Altersrente mit Vollendung des 60. Lebensjahres wegen Arbeitslosigkeit und nach Altersteilzeitarbeit sowie an Frauen	180

müssen Beiträge zur gesetzlichen Rentenversicherung entrichtet worden sein. Dies gilt ebenso für die genannte Wartezeit von 180 Monaten.

Für die Wartezeit von 420 Monaten zählen neben den Beitragszeiten und Ersatzzeiten auch die Anrechnungszeiten und gegebenenfalls die Berücksichtigungszeiten (siehe Kapitel „Beitragsfreie Zeiten und Berücksichtigungszeiten", Seite 39 ff.) mit.

Die Altersrente wegen Arbeitslosigkeit und nach Altersteilzeitarbeit kann trotz Erfüllung der oben genannten Wartezeit von 180 Monaten nur bezogen werden, wenn

Altersrente

- das 60. Lebensjahr vollendet ist
- eine Arbeitslosigkeit besteht und innerhalb der letz-

ten eineinhalb Jahre vor Beginn der Rente eine mindestens 52 Wochen andauernde Arbeitslosigkeit gegeben war oder dem Rentenbeginn eine mindestens 24monatige Altersteilzeitarbeit im Sinne des Gesetzes zur Förderung der Teilzeitarbeit älterer Arbeitnehmerinnen und Arbeitnehmer vorausgeht
- in den letzten zehn Jahren vor Beginn der Rente acht Jahre Pflichtbeiträge zur gesetzlichen Rentenversicherung entrichtet wurden, wobei sich der Zehnjahreszeitraum um Anrechnungs- oder Berücksichtigungszeiten verlängern kann.

Altersrente für Frauen

Für die Altersrente mit Vollendung des 60. Lebensjahres für Frauen gilt, daß neben der Erfüllung der Wartezeit von 180 Monaten nach dem 40. Lebensjahr für insgesamt mindestens 121 Monate Pflichtbeiträge zur gesetzlichen Rentenversicherung entrichtet sein müssen. Diese erforderlichen 121 Pflichtbeitragsmonate können sowohl innerhalb als auch außerhalb der Wartezeit liegen. Sie müssen auch nicht zusammenhängend geleistet worden sein. Insoweit führen Unterbrechungen der versicherungspflichtigen Tätigkeit in diesem Zusammenhang zu keinen Nachteilen.

Altersmäßige Voraussetzungen

Die altersmäßigen Voraussetzungen haben nur Bedeutung für den Bezug einer Altersrente. Das heißt, eine Altersrente kann nur bezogen werden, wenn ein bestimmtes Lebensalter erreicht ist.

In Ergänzung der zuvor bei den zeitlichen Voraussetzungen aufgeführten Altersrenten gibt es demzufolge

- Altersrente ab Vollendung des 60. Lebensjahres
- Altersrente an langjährig Versicherte ab Vollendung des 63. Lebensjahres
- Altersrente ab Vollendung des 65. Lebensjahres.

Medizinische Voraussetzungen

Die medizinischen Voraussetzungen haben grundsätzlich nur Bedeutung bei den Renten wegen Berufs- oder Erwerbsunfähigkeit, also den Renten wegen verminderter Erwerbsfähigkeit. Diese werden, wenn die anderweitigen Voraussetzungen erfüllt sind, nur gewährt, wenn eine Berufs- oder Erwerbsunfähigkeit vorliegt.

Berufs- und Erwerbsunfähigkeit

Nach der Definition des Gesetzes sind Versicherte berufsunfähig, deren Erwerbsfähigkeit wegen Krankheit oder Behinderung auf weniger als die Hälfte derjenigen von körperlich, geistig und seelisch gesunden Versicherten mit ähnlicher Ausbildung und gleichwertigen Kenntnissen und Fähigkeiten gesunken ist.

Erwerbsunfähig sind Versicherte, die wegen Krankheit oder Behinderung auf nicht absehbare Zeit außerstande sind, eine Erwerbstätigkeit in gewisser Regelmäßigkeit auszuüben oder Arbeitsentgelt oder Arbeitseinkommen zu erzielen, das ein Siebtel der monatlichen Bezugsgröße (1996: 1/7 von 4.130 DM = 590 DM in Westdeutschland bzw. von 3.500 DM = 500 DM in Ostdeutschland) übersteigt.

Bezugsgröße

Mit dem Zweiten SGB VI-Änderungsgesetz vom 2.5.1996 hat der Gesetzgeber nunmehr geregelt, daß die Situation auf dem Arbeitsmarkt für die Gewährung einer Rente wegen Berufs- oder Erwerbsunfähigkeit nicht mehr zu berücksichtigen ist. Für viele Versicherte bedeutet dies eine gravierende Verschlechterung.

Selbständige Selbständige können keine Erwerbsunfähigkeitsrente beziehen, solange die selbständige Tätigkeit, gegebenenfalls auch in einem geringeren Umfang, ausgeübt wird.

Sondervoraussetzungen für Berufs- und Erwerbsunfähigkeitsrenten

Die Berufs- und Erwerbsunfähigkeitsrenten werden gewährt, wenn
- Berufsunfähigkeit bzw. Erwerbsunfähigkeit vorliegt und
- die allgemeine Wartezeit von 60 Monaten erfüllt ist und
- in den letzten fünf Jahren vor Eintritt der Berufs- oder Erwerbsunfähigkeit mindestens drei Jahre Pflichtbeiträge zur gesetzlichen Rentenversicherung entrichtet wurden.

Fünfjahreszeitraum Der genannte Fünfjahreszeitraum kann sich gegebenenfalls um bestimmte versicherungsrelevante Zeiten wie beispielsweise Anrechnungszeiten (siehe Kapitel „Beitragsfreie Zeiten und Berücksichtigungszeiten", Seite 39 ff.) verlängern.

Ist die letztgenannte Voraussetzung nicht erfüllt, dann wird die Berufs- oder Erwerbsunfähigkeitsrente dennoch gewährt, wenn vor dem 1.1.1984 die allgemeine Wartezeit von 60 Monaten erfüllt war und wenn jeder Kalendermonat vom 1.1.1984 bis zum Kalendermonat vor Eintritt der Berufs- oder Erwerbsunfähigkeit mit sogenannten Anwartschaftserhaltungszeiten belegt ist. Hierzu gehören im wesentlichen Beitragszeiten (siehe

Medizinische Voraussetzungen

Kapitel „Beitragszeiten", Seite 20 ff.), beitragsfreie Zeiten und gegebenenfalls Berücksichtigungszeiten (siehe Kapitel „Beitragsfreie Zeiten und Berücksichtigungszeiten", Seite 39 ff.). Für viele nicht versicherungspflichtig Beschäftigte, wie beispielsweise Hausfrauen und freiberuflich Tätige, bedeutet dies, daß eine Berufs- oder Erwerbsunfähigkeitsrente nur noch gewährt werden kann, wenn zwischen dem 1.1.1984 und dem Ende des Kalenderjahres vor Eintritt des Rentenfalles keine Versicherungslücke vorliegt. Um diese Voraussetzung zu erfüllen, entrichten viele Versicherte freiwillige Beiträge zur gesetzlichen Rentenversicherung bzw. sind gezwungen, diese freiwilligen Beiträge zu entrichten, damit der Berufs- oder Erwerbsunfähigkeitsschutz nicht verlorengeht. Der 1996 geltende diesbezügliche Mindestbeitrag beläuft sich auf 113,28 DM monatlich in den alten bzw. 96 DM monatlich in den neuen Bundesländern. *Freiwillige Beiträge*

Für den Personenkreis, der freiwillige Beiträge zur Aufrechterhaltung der Rentenansprüche wegen Berufs- oder Erwerbsunfähigkeit entrichtet, gilt es zu prüfen, ob mit diesen Beiträgen das erforderlich Ziel überhaupt erreicht werden kann. Oftmals ist es zumindest bei jüngeren Versicherten so, daß die Rente selten höher als 1.000 DM monatlich bei Berufsunfähigkeit ist. Auf dem privaten Versicherungsmarkt kann man vielfach mit dem gleichen Beitrag von 113,28 DM monatlich eine wesentlich höhere Berufsunfähigkeitsrente absichern. Hinzu kommt, daß der Mindestbeitrag zur gesetzlichen Rentenversicherung jährlich erhöht wird, was eine langfristige Kalkulation unmöglich macht. *Rentabilitätsfrage*

Über die Rentabilität freiwilliger Beiträge sowohl zur Aufrechterhaltung der vorgenannten Rentenansprüche als auch generell gibt das nachfolgende Kapitel „Beitragszeiten" Auskunft.

Beitragszeiten

Beitragszeiten in der gesetzlichen Rentenversicherung wirken sich in erster Linie auf die Höhe der Rente aus. Weiterhin dienen diese Zeiten dazu, Voraussetzungen zum Bezug einer Rente zu erfüllen (siehe Kapitel „Leistungsvoraussetzungen", Seite 14 ff.). Bei den Beitragszeiten unterscheidet man zwischen
- Pflichtbeitragszeiten und
- freiwilligen Beitragszeiten.

Daneben gibt es Zeiten, die als Pflichtbeitragszeiten anerkannt werden, obwohl der Versicherte selbst keine Beiträge gezahlt hat.

Pflichtbeitragszeiten

Pflichtbeiträge

Alle Personen, die eine versicherungspflichtige Tätigkeit ausüben, das sind in der Regel jene, die in einem abhängigen Beschäftigungsverhältnis stehen, entrichten Pflichtbeiträge zur gesetzlichen Rentenversicherung. Die Pflichtbeiträge (Arbeitgeber- und Arbeitnehmeranteile) werden vom Arbeitgeber einbehalten und der zuständigen Krankenkasse überwiesen. Bei der Pflichtversicherung handelt es sich um feststehende Beiträge, auf deren Höhe der Arbeitnehmer keinen Einfluß hat. Seit dem 1.1.1996 betragen die Pflichtbeiträge 19,2 Prozent des rentenversicherungspflichtigen Einkommens.

Pflichtbeitragszeiten

Beispiel
Bei einem Jahreseinkommen von 45.000 DM werden 19,2 Prozent, das sind 8.640 DM jährlich, als Pflichtbeitrag der gesetzlichen Rentenversicherung zugeführt. Die Hälfte hiervon, also 4.320 DM, trägt der Arbeitgeber.

Das rentenversicherungspflichtige Einkommen ist jedoch auf die Beitragsbemessungsgrenze begrenzt, sie beträgt 8.000 DM monatlich und 96.000 DM jährlich in den alten Bundesländern bzw. 6.800 DM monatlich und 81.600 DM jährlich in den neuen Bundesländern (Stand 1996). Übersteigt das individuelle Einkommen die Beitragsbemessungsgrenze, so werden Beiträge zur Rentenversicherung lediglich bis zur Höhe der Beitragsbemessungsgrenze abgeführt.

Beitragsbemessungsgrenze

Alleine hieraus kann abgeleitet werden, daß bei Einkünften, die über der Beitragsbemessungsgrenze liegen, die Versorgungslücke größer ist als bei den Einkünften, die unterhalb dieser Grenze liegen, da Pflichtbeiträge auf den die Beitragsbemessungsgrenze übersteigenden Teil nicht mehr entrichtet werden müssen. Dies wirkt sich natürlich auf die Rentenhöhe aus.

Pflichtbeiträge zur Sozialversicherung müssen in den Fällen nicht entrichtet werden, in denen lediglich eine geringfügige Tätigkeit ausgeübt wird. Eine Beschäftigung wird gemäß der Bestimmungen der Sozialversicherung als geringfügig bezeichnet, wenn ein Einkommen bezogen wird, das unterhalb von derzeit 590 DM monatlich in den alten bzw. 500 DM monatlich in den neuen Bundesländern liegt, oder eine wöchentliche Arbeitszeit von weniger als 15 Stunden nicht überschritten wird. Eine Geringfügigkeit kann auch dann vorliegen, wenn nur für eine kurze Dauer im Laufe eines Jahres eine Tätigkeit ausgeübt wird. Die Grenze liegt hier bei 50 Arbeitstagen bzw. maximal zwei Monaten.

Geringfügige Tätigkeit

Studium

Bislang waren auch Personen, die neben ihrem Studium eine Beschäftigung ausgeübt haben, kraft Gesetzes versicherungsfrei. Durch die neueste Änderung der rentenrechtlichen Bestimmungen besteht in den Fällen, in denen eine mehr als geringfügige Tätigkeit während des Studiums ausgeübt wird, Versicherungspflicht. Studenten, die in ihrer bisherigen Beschäftigung versicherungsfrei waren, bleiben es auch für die Dauer dieser Beschäftigung.

Eine Versicherungspflicht liegt auch dann vor, wenn zum Beispiel Kranken-, Verletzten-, Arbeitslosen-, Übergangsgeld oder Arbeitslosenhilfe bezogen wird, sofern eine Versicherungspflicht in der gesetzlichen Rentenversicherung im letzten Jahr vor Bezug dieser Leistungen vorgelegen hat.

Wehr- und Zivildienst

Wird ein Wehr- oder Zivildienst von mehr als drei Tagen ausgeübt, besteht ebenfalls Versicherungspflicht in der gesetzlichen Rentenversicherung.

Als Pflichtbeitragszeiten gelten insbesondere auch Kindererziehungszeiten sowie Zeiten der nicht erwerbsmäßigen Pflege eines Pflegebedürftigen. Bei letzterem handelt es sich jedoch um sehr komplexe Bestimmungen, so daß diese in einem gesonderten Abschnitt dargestellt sind (siehe Abschnitt „Zeiten einer Pflegetätigkeit", Seite 36 ff.).

Selbständige

Pflichtbeiträge werden aber auch in bestimmten Fällen von Selbständigen entrichtet. Dabei unterscheidet man zwischen der Versicherungspflicht kraft Gesetzes und der Versicherungspflicht auf Antrag. Einige Berufsgruppen bzw. ausgeübte Tätigkeiten sind kraft Gesetzes versicherungspflichtig. Hierzu zählen insbesondere

■ selbständige Handwerker, die in der Handwerksrolle eingetragen sind und noch keine 216 Monate Pflichtbeitragszeiten in der gesetzlichen Rentenversicherung entrichtet haben

- selbständig tätige Lehrer und Erzieher, die im Zusammenhang mit ihrer selbständigen Tätigkeit keinen versicherungspflichtigen Arbeitnehmer beschäftigen
- Pflegepersonen, die in der Kranken-, Wochen-, Säuglings- oder Kinderpflege tätig sind und keinen versicherungspflichtigen Arbeitnehmer beschäftigen
- Hebammen und Entbindungspfleger
- Künstler und Publizisten nach den Bestimmungen des Künstlersozialversicherungsgesetzes.

Selbständig Tätige, die in der Ausübung ihrer Tätigkeit nicht kraft Gesetzes versicherungspflichtig sind, können die Versicherungspflicht in der gesetzlichen Rentenversicherung innerhalb von fünf Jahren nach Aufnahme der selbständigen Tätigkeit beantragen. In diesen Fällen gilt jedoch die Versicherungspflicht so lange, wie die selbständige Tätigkeit, für die die Versicherungspflicht beantragt wurde, ausgeübt wird. Hierbei ist jedoch besondere Vorsicht geboten, da eine beantragte Versicherungspflicht nicht widerrufen werden kann. In diesem Fall müßte die selbständige Tätigkeit erst aufgegeben werden, damit die Versicherungspflicht endet.

Versicherungspflicht auf Antrag

TIP ▶ *Holen Sie in jedem Fall vor Beantragung der Versicherungspflicht aufgrund der Aufnahme einer selbständigen Tätigkeit sachkundigen Rat ein, damit Nachteile vermieden werden.* ◀

Die Höhe der zu entrichtenden Pflichtbeiträge des Selbständigen richtet sich nach den Einnahmen aus der selbständigen Tätigkeit. Selbständige haben jedoch die Möglichkeit, einen Antrag auf Entrichtung des sogenannten Regelbeitrages zu stellen. Bemessungsgrundlage für die Ermittlung des Regelbeitrages ist die soge-

Höhe der Pflichtbeiträge

nannte monatliche Bezugsgröße. Diese beträgt zur Zeit 4.130 DM in den alten bzw. 3.500 DM in den neuen Bundesländern. Der Regelbeitrag beläuft sich dementsprechend auf 792,96 DM bzw. 672 DM. Liegt das individuelle monatliche Einkommen aus der selbständigen Tätigkeit über der Bezugsgröße, könnte ein entsprechender Antrag auf Entrichtung der Bezugsgröße bei dem Rentenversicherungsträger empfehlenswert sein. Bis zum Ende des dritten Jahres nach Ablauf des Jahres, in dem die selbständige Tätigkeit aufgenommen worden ist, kann beantragt werden, daß anstelle des Regelbeitrages lediglich der halbe Regelbeitrag zu entrichten ist. Dies entspricht einem Betrag von 396,48 DM in den alten bzw. 336 DM monatlich in den neuen Bundesländern (Stand 1996).

TIP ▸ *Da Pflichtbeiträge als besondere Voraussetzungen zum Bezug einzelner Renten gelten, erkundigen Sie sich, sofern eine Wahlmöglichkeit besteht, ob es in Ihrem Fall sinnvoll sein könnte, eine Pflichtversicherung zu beantragen.* ◂

Rentensteigerung Wie bereits erwähnt, besteht eine Pflichtversicherung in der gesetzlichen Rentenversicherung nicht nur für Arbeitnehmer, sondern auch für bestimmte Gruppen selbständig oder freiberuflich Tätiger. Werden Pflichtbeiträge entrichtet, dann ist selten bekannt, welche Rentensteigerung sich aus dieser Beitragsentrichtung ergibt. Die folgende Tabelle zeigt die Rentensteigerung auf Basis verschiedener Jahreseinkommen sowohl für die alten als auch für die neuen Bundesländer:

Pflichtbeitragszeiten

jährliches Einkommen	mtl. Rentensteigerung West	jährliches Einkommen	mtl. Rentensteigerung Ost
30.000	27,39	30.000	22,53
40.000	36,53	40.000	30,04
50.000	45,66	50.000	37,55
60.000	54,79	60.000	45,06
70.000	63,92	70.000	52,57
80.000	73,05	80.000	60,08
96.000	87,66	81.600	61,28

Die Tabelle zeigt, daß mit einem jährlichen Einkommen von 96.000 DM in den alten bzw. 81.600 DM in den neuen Bundesländern der jeweilige Höchstbeitrag in der gesetzlichen Rentenversicherung erreicht wird (Stand 1996). Selbst bei einem Einkommen in Höhe der Beitragsbemessungsgrenze ergibt sich somit lediglich eine monatliche Rentensteigerung von 87,66 DM (West) bzw. 61,28 DM (Ost). Stellt man nun den jährlichen Beitragsaufwand in Höhe von 18.432 DM (West) bzw. 15.667,20 DM (Ost) gegenüber, dann sollten insbesondere jene, die auf Antrag versicherungspflichtig werden können (zum Beispiel Selbständige) oder als Versicherungspflichtige Einfluß auf das versicherungspflichtige Einkommen bzw. die Höhe des Beitrages nehmen können, überlegen, ob der Beitragsaufwand in einem realistischen Verhältnis zur Rentensteigerung steht.

In vielen Fällen liegen wegen einer eingetretenen Versicherungsfreiheit oder Befreiung von der Versicherungspflicht, beispielsweise wegen Beitritt zu einem berufsständischen Versorgungswerk, die Voraussetzungen für eine freiwillige Beitragszahlung zur Rentenversiche-

Geringer Rentenzuwachs

rung nicht vor, da zu diesem Zeitpunkt die allgemeine Wartezeit von 60 Monaten noch nicht erfüllt ist. In diesen Fällen besteht nach Ablauf von zwei Jahren nach Beendigung der Pflichtversicherung die Möglichkeit der Erstattung der bis zu diesem Zeitpunkt eingezahlten Pflichtbeiträge. Eine Erstattung von Pflichtbeiträgen ist auch dann möglich, wenn mit Vollendung des 65. Lebensjahres keine Altersrente bezogen werden kann, weil auch hier die allgemeine Wartezeit von 60 Monaten nicht erfüllt ist.

Beitragserstattung

Freiwillige Beitragszeiten

Personen, die nach dem Gesetz nicht der Versicherungspflicht unterliegen, haben, von Ausnahmen abgesehen, die Möglichkeit, freiwillig Beiträge zu entrichten. Dies kann insbesondere dann empfehlenswert sein, wenn bestimmte Voraussetzungen zum Bezug einer Rente (zum Beispiel die Wartezeit) durch die Entrichtung freiwilliger Beiträge erfüllt werden können.

Isoliert betrachtet ist die freiwillige Beitragszahlung unter Rentabilitätsaspekten grundsätzlich nicht zu empfehlen. Eine besondere Bedeutung kommt der freiwilligen Beitragszahlung jedoch im Hinblick auf die Aufrechterhaltung eines Anspruches auf Berufs- oder Erwerbsunfähigkeitsrente zu. Wurde die Pflichtversicherung beendet und besteht bereits ein relativ hoher Anspruch auf eine Berufs- oder Erwerbsunfähigkeitsrente, ist es gegebenenfalls ratsam, zur Aufrechterhaltung dieses Anspruchs freiwillige Beiträge zu zahlen. Dies betrifft den Personenkreis, bei dem bereits vor dem 1.1.1984 fünf Jahre Beitragszeiten vorhanden sind und ab dem 1.1.1984 jeder Monat mit einer rentenrechtlich rele-

Rentenanspruch aufrechterhalten

vanten Zeit belegt ist (siehe Abschnitt „Sondervoraussetzungen für Berufs- und Erwerbsunfähigkeitsrenten", Seite 18 f.).

Eine freiwillige Versicherung ist möglicherweise auch in den Fällen empfehlenswert, in denen zur Erfüllung der Wartezeit von 35 Jahren (= 420 Versicherungsmonate) zum Bezug einer vorzeitigen Altersrente (zum Beispiel Altersrente mit Vollendung des 60. Lebensjahres wegen mindestens 50prozentiger Schwerbehinderung, Berufs- oder Erwerbsunfähigkeit) noch eine bestimmte Anzahl von Beitragsmonaten erforderlich ist.

Freiwillige Beiträge können auch eine besondere Bedeutung für die sogenannte Rente nach Mindesteinkommen haben. Hierbei handelt es sich nicht um eine klassische Mindestrente als Festbetrag. Die Bewertung der Rente nach Mindesteinkommen besagt vielmehr, daß bei Vorliegen einer Versicherungszeit von 420 Monaten eine Überprüfung vorgenommen wird, ob die bis zum Eintritt des Rentenfalles vorhandenen Pflichtbeitragszeiten auf einem bestimmten Niveau liegen. Ist dies nicht der Fall, so werden – vereinfacht ausgedrückt – die Pflichtbeiträge bis 31.12.1991 mit dem 1,5fachen multipliziert, wobei hier eine Begrenzung auf 75 Prozent des Durchschnittsentgeltes aller Versicherten (entspricht 1996 einem Betrag von 38.331 DM) erfolgt.

Rente nach Mindesteinkommen

Die Bewertung der Rente nach Mindesteinkommen betrifft Personen, die niedrige Einkünfte bezogen haben, zum Beispiel wenn über viele Jahre eine Teilzeittätigkeit ausgeübt wurde. Fehlt an den vorgenannten 420 Monaten noch eine bestimmte Anzahl von Monaten, die wegen nicht vorliegender Pflichtversicherung auch nicht mehr automatisch mit Beiträgen belegt werden können, dann könnte es sich anbieten, freiwillige Beiträge in der monatlichen Anzahl zu entrichten, daß die 420 Versicherungsmonate erfüllt sind.

Teilzeittätigkeit

BEITRAGSZEITEN

Mindest- und Höchstbeitrag

Bei der freiwilligen Beitragszahlung kann jeder Beitrag zwischen dem Mindestbeitrag und dem Höchstbeitrag entrichtet werden. Der Mindestbeitrag beläuft sich auf 113,28 DM monatlich, der Höchstbeitrag beträgt 1.536 DM monatlich. in den alten bzw. 1.305,60 DM monatlich in den neuen Bundesländern (Stand 1996).

TIP ▶ *Freiwillige Beiträge müssen spätestens bis zum 31. März des Folgejahres für das zurückliegende Jahr entrichtet worden sein. Da es in vielen Fällen erforderlich ist, daß jeder Monat mit einem Beitrag oder sonstiger rentenrechtlich relevanter Zeit belegt ist, sollte man unbedingt darauf achten, daß bei einer rückwirkenden Beitragszahlung keine Beitrags- bzw. zeitliche Lücke im Versicherungsverlauf entsteht. Um in diesen Fällen kein Risiko einzugehen, sollte man vorab die monatliche Beitragszahlung – am besten per Einzugsermächtigung oder Dauerauftrag – wählen. Ein einziger fehlender Monatsbeitrag kann über den Bezug oder Nichtbezug einer Rente entscheiden.* ◀

Mtl. Rentensteigerung

Wenn für einen Zeitraum von zehn Jahren Beiträge in den nachstehenden Höhen entrichtet werden, ergeben sich folgende Rentensteigerungen:

Alte Bundesländer		
mtl. Beitrag	Gesamtaufwand	mtl. Rentensteigerung
113,28 DM	13.593,60 DM	64,65 DM
400,00 DM	48.000,00 DM	228,29 DM
800,00 DM	96.000,00 DM	456,58 DM
1.200,00 DM	144.000,00 DM	684,87 DM
1.536,00 DM	184.320,00 DM	876,64 DM

mtl. Beitrag	Neue Bundesländer Gesamtaufwand	mtl. Rentensteigerung
96,00 DM*	11.520,00 DM	45,06 DM
400,00 DM	48.000,00 DM	187,74 DM
800,00 DM	96.000,00 DM	375,48 DM
1.200,00 DM	144.000,00 DM	563,22 DM
1.305,60 DM	156.672,00 DM	612,78 DM

*Mindestbeitrag zur Aufrechterhaltung der Renten wegen Berufs- oder Erwerbsunfähigkeit.

TIP ▻ *Lassen Sie in jedem Fall eine individuelle Prüfung vornehmen, ob es sinnvoll ist, freiwillige Beiträge zu entrichten.* ◂

Kindererziehungszeiten

Kindererziehungszeiten gelten in der gesetzlichen Rentenversicherung als Pflichtbeitragszeiten. Sie zählen insbesondere auch bei der Erfüllung der allgemeinen Wartezeit von fünf Jahren mit. Die Anerkennung der Zeiten einer Kindererziehung besteht bereits seit 1986. Dabei wird unterschieden zwischen Geburten vor dem 1.1.1992 und nach dem 31.12.1991. Im ersten Fall werden 12 Monate Kindererziehungszeit berücksichtigt. Bei Geburten ab dem 1.1.1992 gelten die ersten 36 Lebensmonate des Kindes als Kindererziehungszeit. Bei Mehrlingsgeburten vervielfacht sich die Kindererziehungszeit je nach Zahl der Kinder.

Stichtag

BEITRAGSZEITEN

Adoptivkinder   Kindererziehungszeiten werden nicht nur für eheliche Kinder anerkannt. Eine Anrechnung kann auch bei der Erziehung von Adoptivkindern erfolgen. Unter bestimmten Voraussetzungen können solche Zeiten auch für Pflege- und Stiefkinder, Enkel oder Geschwister des Erziehenden berücksichtigt werden.

Anrechnung teilbar   Die Anerkennung der Kindererziehungszeiten (siehe Musterantrag auf S. 31 ff.) erfolgt bei der Person, die das Kind erzogen hat. In der Regel ist dies die Mutter. Durch das Rentenreformgesetz 1992 wurde eine Modifizierung der bis dahin geltenden Regelung insofern vorgenommen, daß die rentenrechtliche Anerkennung der Kindererziehungszeiten unter den Erziehenden (zum Beispiel Vater und Mutter) aufgeteilt werden kann. Eine wechselseitige Anrechnung erfolgt auf Antrag der Erziehenden und gilt grundsätzlich für künftige Zeiten und rückwirkend, jedoch nur für maximal zwei Monate nach Eingang der Erklärung der Erziehenden beim Rentenversicherungsträger.

Bewertungshöhe   Die Bewertung von Kindererziehungszeiten bei der Berechnung der Rentenanwartschaft erfolgt in der Weise, daß die Versicherten so gestellt werden, als hätten sie ein Einkommen bezogen, welches 75 Prozent des Durchschnittsverdienstes aller Versicherten entspricht. 1996 ist dies ein Betrag in Höhe von 38.331 DM jährlich. Wird kein Einkommen bezogen bzw. liegt das individuelle Einkommen unterhalb dieses Niveaus, dann erfolgt eine Anhebung auf diesen Wert; bei Einkünften oberhalb dieses Betrages wirken sich Kindererziehungszeiten nicht mehr aus, das heißt für die Berechnung der Rentenanwartschaft zählt dann nur das eigene, höhere Einkommen.

Kindererziehungszeiten 31

BUNDESVERSICHERUNGSANSTALT FÜR ANGESTELLTE

Postanschrift: Hauptverwaltung: Berlin-Wilmersdorf, Ruhrstraße 2, Telefon (0 30) 8 65-1
Bundesversicherungsanstalt für Angestellte · 10704•Berlin Telex 1 83 366 · Telefax (0 30) 8 65 272 40 · Btx * 4 5065 #

**Antrag auf Feststellung von Kindererziehungszeiten /
Berücksichtigungszeiten wegen Kindererziehung**
Bitte Hinweis auf der letzten Seite beachten

Die rot umrandeten Felder sind nicht vom Antragsteller auszufüllen

SZAT	Versicherungsnummer	BKZ	Eingangsstempel (BfA)
	53 25 02 60 4666		

1 Angaben zur Person

- Name, Vorname: **Ullrich, Conny**
- Geburtsdatum: **25 02 60**
- Geburtsname: **Ullrich**
- Frühere Namen: —
- PLZ Anschrift: **82266 Grünzweig, Gartenstr. 6**
- Geburtsort: — Staatsangehörigkeit: —
- Geschlecht: ☐ männlich ☒ weiblich
- Wohnsitz am 18.05.90 (Ort, Bundesland, Staat): **Grünzweig, Bayern**
- Wohnsitz im Beitrittsgebiet vom/bis: —
- Zuzug aus dem Ausland: ☒ nein ☐ ja, am ___ Datum ___ aus ___ Ort, Gebiet, Staat

2 Angaben zur letzten Beitragszahlung

Der **letzte Beitrag** wurde gezahlt für
- Monat/Jahr: **07 96**
- zur: ☒ Rentenversicherung der Angestellten ☐ Rentenversicherung der Arbeiter ☐ knappschaftlichen Rentenversicherung ☐ Seekasse ☐ Bahnversicherungsanstalt

3 Falls Beiträge bisher nicht zur Rentenversicherung gezahlt wurden: Welcher Versicherungszweig wird gewählt?
☐ Rentenversicherung der Angestellten ☐ Rentenversicherung der Arbeiter

4 Angaben zu den von Ihnen erzogenen Kindern bis zum vollendeten 10. Lebensjahr bzw. bei jüngeren Kindern bis zum Zeitpunkt der Antragstellung
(Bitte Geburtsurkunden oder Familien-/Stammbuch beifügen) – entfällt, wenn Kindererziehungszeiten bereits anerkannt worden sind –

Lfd. Nr.	Name zur Zeit der Geburt, Vorname	Geburtsdatum
1	**Klaus**	**04 05 87**
	Geburtsort, Geburtsstaat: **Wiesbaden, Hessen**	ggf. Sterbedatum: —
	Haben Sie das Kind während der gesamten 10 Jahre erzogen? ☒ ja ☐ nein	Beginn der Erziehung: **05 05 87** Ende der Erziehung: **04 05 97**
2		
3		
4		

Bestätigung der Personenstandsdaten zu Ziffer 4 lfd. Nr. ___ Bestätigungsfeld
Es hat vorgelegen
☐ Geburtsurkunde ☐ Familien-/Stammbuch   Stempel/Unterschrift/Datum

Bestätigung der Personenstandsdaten zu Ziffer 1
Es hat vorgelegen
☐ Personalausweis ☐ Reisepaß   Stempel/Unterschrift/Datum

Weitere Kinder bitte auf einem 2. Antragsvordruck aufführen. **bitte wenden**

BEITRAGSZEITEN

5 Ist eines der unter Ziffer 4 aufgeführten Kinder ein Stiefkind oder Pflegekind?

☒ nein ☐ ja

Vorname des Kindes
_____ ist ein Stiefkind
Angaben zur Kindesmutter (Name, Geburtsname, Vorname, Geburtsdatum)

Vorname des Kindes
_____ ist ein Pflegekind
Angaben zur Kindesmutter (Name, Geburtsname, Vorname, Geburtsdatum)

6 Ist eines der unter Ziffer 4 aufgeführten Kinder innerhalb der ersten 10 Jahre nach der Geburt überwiegend von anderen Personen erzogen worden?

☒ nein ☐ ja

Vorname des Kindes   von   ☐ leiblichen Eltern   ☐ Stiefmutter bzw. Stiefvater   ☐ Pflegemutter bzw. Pflegevater
Angaben zur Person des Erziehenden (Name, Geburtsname, Vorname, Geburtsdatum)

Vorname des Kindes   von   ☐ leiblichen Eltern   ☐ Stiefmutter bzw. Stiefvater   ☐ Pflegemutter bzw. Pflegevater
Angaben zur Person des Erziehenden (Name, Geburtsname, Vorname, Geburtsdatum)

7 War die häusliche Gemeinschaft mit einem der unter Ziffer 4 aufgeführten Kinder innerhalb der ersten 10 Jahre nach der Geburt unterbrochen (z. B. wegen Aufenthalt eines Kindes im Ausland)?

Vornamen der Kinder   vom/bis   Grund der Unterbrechung

☒ nein ☐ ja

8 Zusätzliche Angaben zu den beantragten Erziehungszeiten
Waren Sie während der unter Ziffer 4 aufgeführten Erziehungszeiten

8.1 versicherungsfrei in der gesetzlichen Rentenversicherung wegen einer Versorgungsanwartschaft z. B. als Beamter, Richter, DO-Angestellter, Geistlicher, Berufssoldat, Soldat auf Zeit?

vom/bis   Tätigkeit   Dienstherr, Arbeitgeber

☒ nein ☐ ja

Könnte für Sie ein Anspruch auf Nachversicherung für eine dieser Zeiten bestehen?

bei welcher Stelle   Aktenzeichen

☒ nein ☐ ja

Wurde an Stelle der Nachversicherung eine Abfindung gezahlt bzw. eine Abfindungsrente zugesichert?

bei welcher Stelle   Aktenzeichen

☒ nein ☐ ja

8.2 Abgeordneter, Minister, Parlamentarischer Staatssekretär?

vom/bis   Tätigkeit   Parlament, Ministerium

☒ nein ☐ ja

8.3 von der Rentenversicherungspflicht befreit?

vom/bis   Grund der Befreiung

☒ nein ☐ ja

Versicherungszweig
☐ Rentenversicherung der Angestellten   ☐ Rentenversicherung der Arbeiter   ☐ knappschaftliche Rentenversicherung
Haben Sie auf die Befreiung von der Versicherungspflicht verzichtet?
☐ nein   ☐ ja (Bescheid bitte beifügen)

8.4 als Selbständiger oder im Betrieb Ihres selbständigen Ehegatten tätig?

☒ nein ☐ ja, als ☐ Selbständiger ☐ Landwirt ☐ Ehegatte eines Selbständigen ☐ Ehegatte eines Landwirts
vom/bis   Art der Tätigkeit

☐ Vollzeittätigkeit   ☐ Teilzeittätigkeit   durchschnittliches mtl. Arbeitseinkommen   wöchentliche Arbeitszeit in Stunden

Eintragung in das Unternehmerverzeichnis der landwirtschaftlichen Alterskassen   seit – vom/bis
☐ liegt vor   ☐ liegt nicht vor

8.5 nach Erreichen einer Altersgrenze Bezieher einer Vollrente, Teilrente oder Versorgung nach beamtenrechtlichen/ kirchenrechtlichen/berufsständischen Vorschriften oder Grundsätzen?

vom/bis   Art der Altersversorgung

☒ nein ☐ ja

von welcher Stelle

Kindererziehungszeiten 33

9 Haben Sie eines der unter Ziffer 4 genannten Kinder während der aufgeführten Erziehungszeiten im Ausland erzogen?
(Die Zeit der Zugehörigkeit der Gebiete Österreich, Elsaß-Lothringen, Eupen, Malmedy, St. Vith, Moresnet zum Deutschen Reich ist hier als Auslandszeit anzusehen)

Vornamen der Kinder, Geburtsstaat/Gebiet

9.1 [X] nein [ ] ja

9.2 Haben Sie oder Ihr Ehegatte unmittelbar vor oder während einer Erziehungszeit für eine Beschäftigung/Tätigkeit **im Ausland** Pflichtbeiträge zur deutschen gesetzlichen Rentenversicherung gezahlt?

vom/bis

[X] nein [ ] ja

9.3 **Wenn Sie die Frage 9.2 verneint haben:**
Bestanden für Sie oder Ihren Ehegatten unmittelbar vor oder während der Erziehung Ihres Kindes im Ausland außer zu einem Arbeitgeber im Ausland auch vertragliche oder dienstrechtliche Beziehungen zu einem Arbeitgeber/Dienstherrn im Bundesgebiet?

vom/bis (bitte kurz erläutern)

[X] nein [ ] ja

10 Sind Sie als Vertriebener oder als Spätaussiedler nach dem Bundesvertriebenengesetz anerkannt?

[X] nein [ ] ja, ich besitze einen Bundesvertriebenenausweis A oder B bzw. eine Spätaussiedlerbescheinigung (bitte beifügen)
Herkunftsgebiet

11 Gehören oder gehörten Sie während der aufgeführten Erziehungszeiten zu dem Personenkreis der Asylbewerber?

[X] nein [ ] ja, die Aufenthaltserlaubnis bzw. die Aufenthaltsberechtigung wurde

[ ] noch nicht erteilt
[ ] erteilt   Bescheinigung über die Aufenthaltserlaubnis bzw. die Aufenthaltsberechtigung bitte beifügen

12 Waren Sie unmittelbar vor der Geburt eines der unter Ziffer 4 genannten Kinder oder während der aufgeführten Erziehungszeiten

12.1 im Bundesgebiet bei einer über- oder zwischenstaatlichen Organisation beschäftigt (z. B. UNIDO, ELMB, ESA, Europäisches Patentamt, Europäische Gemeinschaften)?

vom/bis bei

[X] nein [ ] ja

12.2 Mitglied oder ziviles Gefolge von ausländischen Streitkräften im Sinne des NATO-Truppenstatuts, der sowjetischen Streitkräfte, eine dem zivilen Gefolge gleichgestellte Person, Mitglied der alliierten Behörden und Streitkräfte in Berlin (West) oder Familienangehöriger einer dieser Personenkreise?

vom/bis bei

[X] nein [ ] ja

13 Gehörten Sie unmittelbar vor der Geburt eines der unter Ziffer 4 genannten Kinder oder während der aufgeführten Erziehungszeiten zum Personal einer ausländischen amtlichen Vertretung (z. B. Botschaft, Konsulat) oder waren Sie Familienangehöriger dieses Personals?

vom/bis bei

[X] nein [ ] ja

14 Waren Sie unmittelbar vor der Geburt eines der unter Ziffer 4 genannten Kinder oder während der aufgeführten Erziehungszeiten von einem Arbeitgeber mit Sitz im Ausland in die Bundesrepublik Deutschland entsandt oder waren Sie im Rahmen Ihrer im Ausland ausgeübten selbständigen Erwerbstätigkeit für eine begrenzte Zeit in Deutschland tätig?

vom/bis

[X] nein [ ] ja
Arbeitgeber und Beschäftigungsstelle

15 Wurden unmittelbar vor der Geburt eines der unter Ziffer 4 genannten Kinder oder während der aufgeführten Erziehungszeiten für eine von Ihnen in der Bundesrepublik Deutschland ausgeübte Beschäftigung oder Tätigkeit aufgrund einer Ausnahmevereinbarung im Sinne des über- und zwischenstaatlichen Rechts (Verordnungen EWG, Sozialversicherungsabkommen) Pflichtbeiträge zur deutschen Rentenversicherung nicht gezahlt?

vom/bis

[X] entfällt [ ] ja
Ausnahmevereinbarung ausgestellt von welcher Stelle, Datum, Aktenzeichen

bitte wenden

BEITRAGSZEITEN

16 Zuordnung zum Vater

Eine Zuordnung von Kindererziehungszeiten/Berücksichtigungszeiten zum Vater ist nicht möglich, wenn
- für die Mutter unter Berücksichtigung dieser Zeiten eine Leistung bindend festgestellt oder eine rechtskräftige Entscheidung über einen Versorgungsausgleich durchgeführt worden ist
- für die Mutter ein Anspruch auf eine nach den Vorschriften des Beitrittsgebiets berechnete Alters- oder Invalidenrente besteht oder aus der Versicherung der Mutter ein Anspruch auf Hinterbliebenenrente besteht oder bestanden hat.

16.1 Sollen Kindererziehungszeiten im Bundesgebiet (ohne Beitrittsgebiet) **vor** 1986 dem Vater zugeordnet werden?

Vornamen der Kinder

[X] nein [ ] ja, für Kind(er) _____

16.2 Sollen Kindererziehungszeiten im Beitrittsgebiet **vor** 1992 dem Vater zugeordnet werden?

Vornamen der Kinder

[ ] nein [ ] ja, für Kind(er) *entfällt*

16.3 Sollen Kindererziehungszeiten **ab** 1992 dem Vater zugeordnet werden?

Vornamen der Kinder | ab

[ ] nein [ ] ja, für Kind(er) *entfällt*

16.4 Sollen Berücksichtigungszeiten wegen Kindererziehung dem Vater zugeordnet werden?

Vornamen der Kinder | vom/bis

[X] nein [ ] ja, für Kind(er) _____

Falls eine der Fragen der Ziffern 16.1 bis 16.4 mit „ja" beantwortet wird, ist von den Eltern eine Erklärung über die Zuordnung von Kindererziehungszeiten/Berücksichtigungszeiten wegen Kindererziehung (Vordruck 6.4363) beizufügen. Ist ein Elternteil bereits verstorben, kann der überlebende Elternteil die Erklärung allein abgeben. In diesem Fall ist zusätzlich eine Sterbeurkunde beizufügen.

17 Änderung der Zuordnung zugunsten der Mutter

Haben Sie und der Vater bereits eine Erklärung abgegeben, daß Kindererziehungszeiten/Berücksichtigungszeiten wegen Kindererziehung für eines der unter Ziffer 4 aufgeführten Kinder dem Vater zugeordnet werden sollen?

Vornamen der Kinder

[X] nein [ ] ja, für Kind(er) _____

Falls ja:
Sollen die nach dem 31.12.1991 liegenden Kindererziehungszeiten/Berücksichtigungszeiten wegen Kindererziehung künftig der Mutter zugeordnet werden?

Vornamen der Kinder | ab

[ ] nein [ ] ja, für Kind(er) *entfällt*

Erklärung von Mutter und Vater über die Zuordnung dieser Zeiten bei der Mutter bitte beifügen (Vordruck 6.4363).

Hinweis

Um in Ihrem Versicherungskonto die Kindererziehungszeiten/Berücksichtigungszeiten wegen Kindererziehung ergänzen zu können, benötigen wir aufgrund des Sechsten Buches des Sozialgesetzbuches – Gesetzliche Rentenversicherung (SGB VI) – von Ihnen einige wichtige Informationen und Unterlagen. Wir möchten Sie deshalb bitten, die gestellten Fragen vollständig zu beantworten und uns die erbetenen Unterlagen möglichst umgehend zu überlassen. Ihre Mithilfe erleichtert uns eine raschere Erledigung Ihrer Angelegenheiten.
In welchem Umfang Ihre Mithilfe benötigt wird, ergibt sich aus § 149 Abs. 4 SGB VI. Danach sind Sie verpflichtet, alle für die Kontenklärung erheblichen Tatsachen anzugeben und uns die notwendigen Urkunden und sonstigen Beweismittel zur Verfügung zu stellen.

Erklärung der Antragstellerin / des Antragstellers

Ich versichere, daß ich sämtliche Angaben in diesem Vordruck nach bestem Wissen gemacht habe. Mir ist bekannt, daß wissentlich falsche Angaben zu einer strafrechtlichen Verfolgung führen können.

Ort/Datum

Grünzweig, den 2.7.96   *C. Ulrich*

Unterschrift der Antragstellerin/des Antragstellers

Kindererziehungszeiten

TIP ▸ *Die Kindererziehungszeiten sollten grundsätzlich dem Ehepartner zugeordnet werden, der in dieser Zeit über kein oder das niedrigere Einkommen verfügt.* ◂

Jedes Jahr Kindererziehungszeit bewirkt eine monatliche Rentensteigerung von derzeit rund 35 DM in den alten bzw. 25 DM in den neuen Bundesländern (Stand 1996), sofern keine Beitragsleistungen während der Kindererziehungszeit erfolgten.

Viele Frauen, die wegen der Erziehung von Kindern unter Umständen schon sehr früh aus dem Berufsleben ausgeschieden sind bzw. ausscheiden, können durch die Anerkennung der Kindererziehungszeiten zusammen mit sonstigen Beitragszeiten die allgemeine Wartezeit von fünf Jahren zum Bezug der Regelaltersrente erfüllen. Sind mit den Kindererziehungszeiten und anderen Beitragszeiten weniger als 60 Kalendermonate vorhanden, empfiehlt es sich, sofern keine versicherungspflichtige Beschäftigung mehr ausgeübt wird, für die noch fehlende Zeit freiwillige Beiträge zu entrichten, damit die allgemeine Wartezeit erfüllt werden kann.

Kinder statt Berufstätigkeit

Beispiel

Eine Frau, die wegen der Erziehung von zwei Kindern (Geburt der Kinder vor dem 1.1.1992) aus dem Berufsleben ausgeschieden ist, hatte vor der Kindererziehung insgesamt 26 Monate Pflichtbeitragszeiten aufgrund einer abhängigen Beschäftigung entrichtet. Mit den Zeiten der Kindererziehung sind im Versicherungsverlauf insgesamt 50 Monate Pflichtbeitragszeiten vorhanden. Da diese Frau keine weitere Beschäftigung mehr ausgeübt hat, könnte die Regelaltersrente nicht bezogen werden, da nicht mindestens 60 Kalendermonate Beitragszeit vorhanden sind. Diese Versicherte entrichtet nunmehr für 10 Monate freiwillige Beiträge in Höhe des Mindestbeitrages, der sich zur Zeit auf 113,28 DM monatlich (Stand

1996) beläuft. Dies entspricht einem Aufwand von 1.132,80 DM. Vor Vollendung des 65. Lebensjahres stellt sie ihren Rentenantrag. Da sie vor ihrer Berufstätigkeit noch 20 Monate Schulzeiten nachweisen kann, beläuft sich die monatliche Rente auf insgesamt rund 160 DM monatlich in den alten bzw. 130 DM monatlich in den neuen Bundesländern. Somit wäre der Aufwand für die freiwillige Beitragszahlung bereits nach wenigen Monaten Rentenbezug zurückgeflossen.

Kindererziehungsleistung

Frauen, die in den alten Bundesländern vor 1921 bzw. in den neuen Bundesländern vor 1927 geboren sind, können für jedes lebend geborene Kind eine sogenannte Kindererziehungsleistung beim Rentenversicherungsträger beantragen. Von der Höhe her entspricht die Kindererziehungsleistung der monatlichen Rentensteigerung aus einem Jahr Kindererziehungszeit.

Zeiten einer Pflegetätigkeit

Pflegeversicherungsgesetz

Mit dem Inkrafttreten des Pflegeversicherungsgesetzes, das in erster Linie die Leistungen bei häuslicher und stationärer Pflege eines Pflegebedürftigen regelt, wurden weitergehende soziale Absicherungen für Personen, die einen Pflegebedürftigen nicht erwerbsmäßig mindestens 14 Stunden wöchentlich in häuslicher Umgebung pflegen, eingeführt. Die diesbezüglichen Verbesserungen betreffen in erster Linie die Bestimmungen der gesetzlichen Rentenversicherung.

Mit Wirkung ab 1.4.1995 (Inkrafttreten der häuslichen Pflege) wird für Personen, die eine nicht erwerbsmäßige – also nicht berufliche – Pflege übernommen haben, eine Versicherungspflicht in der gesetzlichen Rentenversicherung begründet. Das bedeutet, daß diese

Pflegepersonen so gestellt werden, als hätten sie ein bestimmtes Einkommen bezogen, aufgrund dessen die Pflegekasse (Krankenkasse) des Pflegebedürftigen Beiträge an die gesetzliche Rentenversicherung abführt. Dabei muß jedoch bedacht werden, daß die Pflegetätigkeit mindestens 14 Stunden wöchentlich ausgeübt wird und die Vergütung der Pflegeperson unter dem Betrag liegt, den der Pflegebedürftige als Pflegegeld erhält. Die Pflegeperson darf zudem nicht bereits eine anderweitige versicherungspflichtige Vollzeitbeschäftigung oder selbständige Tätigkeit ausüben.

Versicherungspflicht

Die Höhe der von der Pflegekasse oder dem privaten Versicherungsunternehmen abzuführenden Pflichtbeiträge zur gesetzlichen Rentenversicherung richtet sich nach der Pflegestufe des Pflegebedürftigen und dem zeitlichen Aufwand für die Pflegetätigkeit. Die beitragspflichtigen Einkommen orientieren sich an der sogenannten Bezugsgröße. Die monatliche Bezugsgröße beläuft sich auf 4.130 DM monatlich in West- bzw. 3.500 DM monatlich in Ostdeutschland (Stand 1996). Übernehmen mehrere Personen eine Pflegetätigkeit, so erfolgt eine Verteilung entsprechend dem Anteil der Tätigkeit der Pflegeperson an dem Gesamtaufwand.

Welche Vorteile hat nun die Ausübung einer Pflegetätigkeit für die Pflegepersonen?

Vorteile

In vielen Fällen kann ein Altersrentenanspruch realisiert werden, da oftmals die allgemeine Wartezeit noch nicht erfüllt ist. Die Begründung der Versicherungspflicht und die dadurch erfolgende Entrichtung von Beiträgen durch die Krankenkasse wirkt sich in erster Linie natürlich auf den Rentenanspruch aus. Vielfach können aber auch besondere Voraussetzungen zum Bezug einer Rente erfüllt werden. So ist es zum Beispiel für den Bezug der Altersrente an Frauen ab Vollendung des 60. Lebensjahres erforderlich, daß nach Vollendung des

BEITRAGSZEITEN

40. Lebensjahres mehr als zehn Jahre Pflichtbeiträge vorhanden sind. Zum Bezug einer Rente wegen verminderter Erwerbsfähigkeit (Berufs- oder Erwerbsunfähigkeit) müßten in den letzten fünf Jahren vor Beginn des Rentenfalles mindestens 36 Monate Pflichtbeiträge vorhanden sein. Das bedeutet, daß insbesondere Frauen, die beispielsweise aufgrund einer Kindererziehung aus dem Berufsleben ausgeschieden sind, nach einer bestimmten Zeit der Ausübung einer Pflegetätigkeit einen Anspruch auf Berufs- oder Erwerbsunfähigkeitsrente realisieren können, sofern die Wartezeit von 60 Kalendermonaten und die medizinischen Voraussetzungen erfüllt sind.

Kein eigener Beitragsanteil

Ein weiterer Vorteil besteht auch darin, daß die Pflegepersonen selbst keinen Beitragsanteil leisten müssen. Die höchstmögliche Rentensteigerung aufgrund einer Pflegetätigkeit bei Pflege eines Schwerstpflegebedürftigen von mindestens 28 Stunden wöchentlich beläuft sich zum Beispiel für ein Jahr der Ausübung einer Pflegetätigkeit auf derzeit 36,20 DM monatlich in West- bzw. 29,80 DM monatlich in Ostdeutschland (Stand 1996).

Unfallversicherung

Ergänzend zu den Verbesserungen im Rentenrecht wurde durch das Pflegeversicherungsgesetz auch geregelt, daß Pflegepersonen in der gesetzlichen Unfallversicherung abgesichert sind. Das bedeutet, daß bei Eintritt eines Arbeits- oder Wegeunfalles oder einer Berufskrankheit in Verbindung mit der Ausübung der Pflegetätigkeit eine Unfallrente bezogen werden kann. Unter bestimmten Voraussetzungen kann bei Aufgabe der Pflegetätigkeit auch ein Anspruch auf Arbeitslosengeld bestehen.

Beitragsfreie Zeiten und Berücksichtigungszeiten

Bei den beitragsfreien Zeiten und den Berücksichtigungszeiten soll eine umfangreiche Novellierung vorgenommen werden, die zum Teil gravierende Nachteile für die Versicherten zur Folge haben wird. Da sich beitragsfreie Zeiten und Berücksichtigungszeiten unterschiedlich auf die Rentenhöhe auswirken, kommt diesem Themenkomplex gerade unter dem Aspekt der umfangreichen Veränderungen eine besondere Bedeutung zu. Auf die Darstellung der sehr umfangreichen Übergangsregelungen wurde verzichtet, weil darunter die Übersichtlichkeit gelitten hätte.

Bei den in diesem Kapitel ausgeführten Regelungen handelt es sich um die relativ konkreten Vorstellungen der Bundesregierung. Das entsprechende Gesetzgebungsverfahren war bei Drucklegung dieses Ratgebers noch nicht abgeschlossen. Geringfügige Änderungen gegenüber den nachfolgenden Ausführungen sind deshalb nicht auszuschließen.

Zu den beitragsfreien Zeiten gehören:
- Anrechnungszeiten
- Ersatzzeiten
- Zurechnungszeit.

Umfangreiche Novellierung

Anrechnungszeiten sind insbesondere Zeiten, in denen Versicherte
- eine Berufsausbildung absolviert haben
- nach dem vollendeten 17. Lebensjahr eine Schule, Fachschule oder Hochschule besucht oder an einer be-

Anrechnungszeiten

rufsvorbereitenden Bildungsmaßnahme teilgenommen haben, insgesamt jedoch höchstens bis zu drei Jahren
- eine Rente bezogen haben, soweit diese Zeiten auch als Zurechnungszeit in der Rente berücksichtigt waren (vergleiche nachstehend), oder
- wegen Schwangerschaft oder Mutterschaft während der Schutzfristen eine versicherungspflichtige Beschäftigung oder selbständige Tätigkeit unterbrochen wurde
- Zeiten der Krankheit
- Zeiten der Arbeitslosigkeit.

Zeiten der Berufsausbildung

Die beiden letztgenannten Anrechnungszeiten gelten jedoch nur dann, wenn in diesen Zeiten keine Pflichtbeiträge (beispielsweise von der Krankenkasse oder dem Arbeitsamt) entrichtet wurden.

Zeiten einer Berufsausbildung werden für maximal 36 Monate bis zur Vollendung des 25. Lebensjahres anerkannt. Auf Antrag können auch über das 25. Lebensjahr hinaus Zeiten einer Berufsausbildung, jedoch insgesamt begrenzt auf 36 Monate, berücksichtigt werden. Bisher wurden Zeiten einer Berufsausbildung für 48 Monate mit 90 Prozent des Durchschnittseinkommens aller Versicherten als Pflichtbeitragszeit berücksichtigt. Unabhängig von der zeitlichen Begrenzung auf 36 Monate erfolgt nunmehr eine Anhebung des individuellen Wertes auf 75 Prozent des Durchschnittseinkommens, sofern der individuelle Wert unterhalb von 75 Prozent liegt. Ist der individuelle Wert höher als 75 Prozent des Durchschnittseinkommens aller Versicherten, dann gilt der individuelle Wert. Die Bewertung der Schulzeiten erfolgt mit 75 Prozent des individuellen Durchschnittswertes, höchstens 75 Prozent des Durchschnittseinkommens aller Versicherten.

Gerade bei der Anrechnung von Schul-, Fachschul- oder Hochschulzeiten sind wegen der Verkürzung der Anerkennungszeiten auf drei Jahre umfangreiche Übergangsregelungen zu beachten. Sie regeln die in einem bestimmten Umfang mögliche Anrechnung der Ausbildungszeiten, die über diese drei Jahre hinausgehen.

TIP ▶ *Es besteht die Möglichkeit der Entrichtung von freiwilligen Beiträgen für die nicht anrechenbaren Schulzeiten. Ob in Ihrem Fall eine freiwillige Beitragszahlung sinnvoll ist, sollten Sie in jedem Fall überprüfen lassen.* ◀

Neben den Anrechnungszeiten zählen auch Ersatzzeiten zu den beitragsfreien Zeiten. Darunter versteht man Zeiten, die im weitesten Sinne mit den Kriegsereignissen verbunden sind. Zu den Ersatzzeiten gehören insbesondere Zeiten

Ersatzzeiten

- einer Kriegsgefangenschaft
- einer Internierung oder Verschleppung
- einer Verfolgung durch den Nationalsozialismus
- eines Gewahrsams
- einer Vertreibung, Flucht, Aussiedlung
- eines militärischen Dienstes.

Ersatzzeiten zählen frühestens ab Vollendung des 14. Lebensjahres. In vielen Fällen wurde den Betroffenen ein Vertriebenen- oder Flüchtlingsausweis ausgestellt. In diesen Fällen ist eine pauschale Anerkennung von Ersatzzeiten für die Jahre 1945 und 1946 unter bestimmten Voraussetzungen möglich. Ersatzzeiten sind den Beitragszeiten gleichgestellt, das heißt, daß sie beispielsweise auch bei der Wartezeiterfüllung wie Beitragszeiten angesehen werden.

Zu den beitragsfreien Zeiten zählt auch die sogenannte Zurechnungszeit. Die Zurechnungszeit wird bei den

Zurechnungszeit

Renten wegen Berufs- und Erwerbsunfähigkeit sowie bei den Renten wegen Todes in den Fällen berücksichtigt, in denen der Rentenfall vor Vollendung des 60. Lebensjahres eintritt. Die Anerkennung einer Zurechnungszeit bei den vorzeitig eintretenden Rentenfällen soll ein Mindestmaß an Rente gewährleisten.

Die Zurechnungszeit umfaßt die Zeit vom Eintritt des Rentenfalles bis zur Vollendung des 55. Lebensjahres uneingeschränkt und die Zeit vom 55. Lebensjahr bis zur Vollendung des 60. Lebensjahres zu einem Drittel. Die Bewertung der Zurechnungszeit erfolgt mit dem Durchschnitt der bis zum Rentenbeginn geleisteten Beitragszeiten.

Berücksichtigungszeiten

Neben den beitragsfreien Zeiten sieht das Gesetz noch sogenannte Berücksichtigungszeiten vor, die sich in der Regel jedoch nicht direkt auf die Rentenhöhe auswirken. Berücksichtigungszeiten dienen in erster Linie der Erfüllung der Wartezeit von 420 Versicherungsmonaten zum Bezug einer vorzeitigen Altersrente. In diesem Zusammenhang können sich diese Zeiten bei der Bewertung der Rente nach Mindesteinkommen dadurch auswirken, daß sie auch hier zur Erfüllung der erforderlichen 420monatigen Versicherungszeit berücksichtigt werden.

Zudem kann mittels der Berücksichtigungszeiten der Anspruch auf eine Rente wegen Berufs- oder Erwerbsunfähigkeit aufrechterhalten bleiben, ohne daß es einer Beitragszahlung bedarf. Sind beitragsfreie Zeiten, zum Beispiel Schulzeiten oder die Zurechnungszeit vorhanden, so erhöhen die Berücksichtigungszeiten die Bewertung dieser Zeiten. Zu den Berücksichtigungszeiten zählen grundsätzlich die Zeiten der Kindererziehung bis zum zehnten Lebensjahr, bei mehreren Geburten bis zum vollendeten zehnten Lebensjahr des zuletzt geborenen Kindes.

Beitragsfreie Zeiten und Berücksichtigungszeiten

Wie zuvor bei den Anrechnungszeiten bereits ausgeführt, zählen die Zeiten der Krankheit und der Arbeitslosigkeit dann zu den Anrechnungszeiten, wenn für diese Zeiten keine Pflichtbeiträge entrichtet wurden. In diesen Fällen handelt es sich rentenrechtlich zwar um Anrechnungszeiten, aber in bezug auf die Rentenberechnung, also die Ermittlung der Rentenhöhe, werden sie wie Berücksichtigungszeiten bewertet, das heißt, es erfolgt keine direkte Rentensteigerung.

Krankheit und Arbeitslosigkeit

Die Höhe der Rente

Große Zahl von Faktoren

Die entscheidende Frage, die sich jeder irgendwann einmal stellen wird, ist die nach der Höhe der eigenen Rente. Für die Ermittlung der Rentenhöhe sind eine große Zahl von Faktoren zu berücksichtigen, die zu einem erheblichen Teil von den individuellen Verhältnissen jedes einzelnen geprägt sind. Gerade die in letzter Zeit vollzogenen Änderungen des Rentenrechts führen dazu, daß eine Rentenberechnung kaum mehr nachvollzogen werden kann. So sind bestimmte Übergangsregelungen davon abhängig, ob der eine oder andere Sachverhalt vor einem bestimmten Zeitpunkt realisiert wurde oder ob zu einem bestimmten Zeitpunkt ein erforderliches Lebensalter erreicht ist. Andere Bewertungen wiederum hängen davon ab, ob man Aussiedler ist, ob man in den neuen Bundesländern an einem Stichtag gewohnt hat, ob die Ausbildung vor oder nach einem gesetzlich festgelegten Datum beendet wurde, ob die Kinder vor oder nach dem Stichtag 31.12.1991 geboren wurden oder ob man an einem bestimmten Stichtag bereits arbeitslos war. Schon diese wenigen Beispiele zeigen, daß der Beitragszahler und auch der Rentenantragssteller nicht mehr prüfen kann, ob seine Rentenberechnung zutreffend vorgenommen wurde oder nicht.

Um so wichtiger ist es jedoch, die Höhe der Rente zumindest als Größenordnung zu kennen. In erster Linie ergibt sich die Höhe der Rente aus der Höhe der eingezahlten Beiträge. Die Rente fällt entsprechend um so höher aus, je höher das Einkommen bzw. die auf Basis des Einkommens gezahlten Beiträge sind. Weitere für die Rentenhöhe bedeutende Faktoren sind die Dauer der Beitragszahlung, das Vorliegen sonstiger Versicherungszeiten, wie beispielsweise Zeiten der Kindererziehung oder Zeiten der Ausbildung, sowie die Rentenart, also zum Beispiel Altersrente oder Berufsunfähigkeitsrente.

Entscheidend: Gezahlte Beiträge

Rentenberechnung für einen kontinuierlichen Versicherungsverlauf

Auf Basis des nachfolgend aufgeführten Modellfalles soll nun exemplarisch die Rentenberechnung für einen kontinuierlichen Versicherungsverlauf nachvollzogen werden.

Modellrechnung

Versicherungsverlauf eines männlichen Versicherten
Geburtsdatum: 2.7.1950
Schulausbildung bis: 31.3.1968
Versicherungspflichtige Lehrzeit: 1.4.1968 bis 31.3.1971

Versicherungszeiten Jahre	Monate	Einkommen DM	Entgeltpunkte
1968	9	2.790	0,5625
1969	12	3.840	0,7500
1970	12	3.840	0,7500
1971	12	13.572	0,9090
1972	12	14.775	0,9045

DIE HÖHE DER RENTE

Versicherungs-zeiten Jahre	Monate	Einkommen DM	Entgeltpunkte
1973	12	15.624	0,8540
1974	12	17.090	0,8385
1975	12	20.117	0,9225
1976	12	21.426	0,9182
1977	12	22.619	0,9068
1978	12	24.723	0,9421
1979	12	27.920	1,0085
1980	12	30.114	1,0213
1981	12	33.664	1,0894
1982	12	34.709	1,0780
1983	12	35.815	1,0758
1984	12	36.970	1,0781
1985	12	37.111	1,0517
1986	12	38.512	1,0515
1987	12	39.040	1,0348
1988	12	40.126	1,0316
1989	12	42.775	1,0677
1990	12	43.824	1,0448
1991	12	46.170	1,0394
1992	12	48.416	1,0341
1993	12	51.712	1,0734
1994	12	53.614	1,0910
1995	12	56.771	1,1138
1996	5	24.625	0,4818
(bis 31.05.)	338		27,7248

Entgeltpunkte Unter Entgeltpunkte versteht man das Verhältnis zwischen dem eigenen Einkommen und dem Durchschnittseinkommen aller Versicherten. So beträgt das vorläufige Durchschnittseinkommen aller Versicherten im Jahr 1995 beispielsweise 50.972 DM. Das individuelle Einkommen in Höhe von 56.771 DM, dividiert durch das Durchschnittseinkommen von 50.972 DM, ergibt somit 1,1138 Entgeltpunkte.

Neben den Beitragszeiten wurden für den Zeitraum ab Vollendung des 17. Lebensjahres, also ab dem 2.7.1967 bis 31.3.1968 Schulzeiten nachgewiesen, die bei der Rentenberechnung zu berücksichtigen sind. Es handelt sich hierbei um 9 Monate. Die Bewertung dieser Schulzeiten erfolgt nach einer komplizierten und umfangreichen Formel, auf deren Darstellung hier verzichtet werden kann. Für unseren Modellfall ergeben sich nach dieser Formel zusätzlich 0,3276 Entgeltpunkte. Insgesamt summieren sich somit bis zum 31.5.1996 folgende Ausgangsdaten:

Bewertung der Schulzeiten

Anrechnungszeiten	Monate	Entgeltpunke
Beitragszeiten	338	27,7248
Schulzeiten	9	0,3276
	347	28,0524

Daraus ergeben sich folgende Rentenanwartschaften, bezogen auf den 31.5.1996:

Rentenart	monatlich DM
Berufsunfähigkeitsrente	1.203,89
Erwerbsunfähigkeitsrente	1.805,83
Große Witwenrente	1.083,50
Kleine Witwenrente	451,56
Halbwaisenrente	361,60
Vollwaisenrente	697,24
Altersrente mit Vollendung des 65. Lebensjahres	1.296,86

Rentenan- Bei diesen Rentenanwartschaften ist außer bei der Al-
wartschaften tersrentenanwartschaft die sogenannte Zurechnungszeit (siehe Kapitel „Beitragsfreie Zeiten und Berücksichtigungszeiten", Seite 39 ff.) mit insgesamt 131 Monaten berücksichtigt. Dabei wurde unterstellt, daß der Rentenfall im Mai 1996 eingetreten ist.

Aus den vorgenannten Rentenanwartschaften läßt sich folgendes ableiten: Der Versicherte bezog in unserem Beispiel unmittelbar vor Rentenbeginn ein Einkommen von 4.925 DM monatlich. Unter Zugrundelegung der Steuerklasse III/2 (verheiratet, 2 Kinder) würde sein Nettoeinkommen rund 3.200 DM monatlich betragen. Für die zwei Kinder besteht ein Anspruch auf Kindergeld in Höhe von insgesamt 400 DM monatlich, so daß das Gesamteinkommen rund 3.600 DM netto monatlich betragen würde.

Einkommens- Welche Einkommensminderungen sich bei Eintritt ei-
einbußen nes Rentenfalles ergeben würden, soll die folgende Aufstellung zeigen, wobei zu berücksichtigen ist, daß von der jeweiligen Rente noch die Beiträge zur Kranken- und Pflegeversicherung einbehalten werden. Diese wurden mit 7,55 Prozent der Rente (6,7 Prozent Krankenversicherung und 0,85 Prozent Pflegeversicherung, Stand Juli 1996) berücksichtigt.

In den nachstehend aufgeführten Renten ist außerdem das Kindergeld in Höhe von 400 DM monatlich, auf das weiterhin Anspruch bestehen würde, bereits enthalten.

Es wurde ferner unterstellt, daß die Ehefrau des Versicherten selbst nicht berufstätig ist, also über kein eigenes Einkommen verfügt. Dies gilt gleichermaßen für die Kinder, die sich noch in Schulausbildung befinden und somit ebenfalls kein eigenes Einkommen beziehen.

Rentenberechnung kontinuierlicher Versicherungsverlauf

Rentenanspruch bei	Höhe der Rente DM mtl.	Nettoeinkommen DM mtl.	Einkommensminderung DM mtl.
Berufsunfähigkeit	1.512,99	3.600	2.087,01
Erwerbsunfähigkeit	2.069,49	3.600	1.530,51
Witwenrente	1.401,70	3.600	2.198,30

Bei der Witwenrente wäre noch zu berücksichtigen, daß sich die Einkommensminderung um die Ansprüche auf Waisenrente von 361,60 DM für jedes Kind, also insgesamt 723,20 DM monatlich, nach Abzug der Kranken- und Pflegeversicherungsbeiträge 668,60 DM monatlich reduzieren würde. Der Witwe würden demzufolge einschließlich der Waisenrenten und dem Kindergeld monatlich 2.070,30 DM zur Verfügung stehen.

Die Aufstellung zeigt: Gegenüber dem zuvor bezogenen Nettoeinkommen ergeben sich Einkommensverluste zwischen rund 42 Prozent und rund 61 Prozent. Ohne Rücklagen bzw. private Maßnahmen ist eine solche Einkommensminderung nicht aufzufangen. Da der angenommene Versicherungsverlauf weitgehend den realen Durchschnittswerten heutiger Zeit folgt, entsprechen die genannten Einkommensverluste in etwa dem, was an Verlusten auf den Bevölkerungsdurchschnitt zukommt.

Vorzeitiger Rentenfall

Nun handelt es sich bei den vorgenannten Rentenbeträgen lediglich um vorzeitige Rentenfälle, denen kein ausgefülltes Versicherungsleben zugrunde liegt. Zwar wird bei diesen Renten eine sogenannte Zurechnungs-

DIE HÖHE DER RENTE

zeit rentensteigernd berücksichtigt, sie wird jedoch nur mit dem Durchschnitt aller bis zum Eintritt des Rentenfalles geleisteten Beiträge bewertet. Diese Durchschnittswerte berücksichtigen natürlich auch die niedrigen Beiträge, die in den ersten Berufsjahren entrichtet wurden, so daß der Durchschnittswert relativ gering ausfällt, jedenfalls im Verhältnis zu den Beiträgen, die in der Regel unmittelbar vor Rentenbeginn geleistet wurden. Dies ist aus unserem Beispiel gut erkennbar. Der Beitragswert für einen Monat im Jahr 1996 betrug 0,0964 Entgeltpunkte; die durchschnittlichen Entgeltpunkte aus dem gesamten bisherigen Versicherungsleben, mit denen die Zurechnungszeit bewertet wird, betragen dagegen lediglich 0,0820 Entgeltpunkte pro Monat.

Bezug zum 65. Lebensjahr

Wie gestaltet sich nun die Rente, wenn die Altersrente zu einem späteren Zeitpunkt, beispielsweise mit Vollendung des 65. Lebensjahres bezogen werden soll? Unser Modellfall soll dafür insoweit fortgeführt werden, als unterstellt wird, daß der Versicherte bis zur Vollendung des 65. Lebensjahres gearbeitet und daher weiterhin Beiträge gezahlt hat, die wertmäßig denen des Jahres 1996 entsprechen.

Unter dieser Voraussetzung würden sich mit Vollendung des 65. Lebensjahres folgende Rentenanwartschaften ergeben:

Rentenart	DM mtl.
Altersrente	zirka 2.330
Witwenrente	zirka 1.400

Rentenberechnung kontinuierlicher Versicherungsverlauf

Von diesen Renten wären noch die Beiträge zur Kranken- und Pflegeversicherung in Höhe von 7,55 Prozent (Stand Juli 1996) abzuziehen, so daß sich folgende Nettorenten ergeben würden:

Nettorenten

Rentenart	DM mtl.
Altersrente	zirka 2.154
Witwenrente	zirka 1.300

Gegenüber dem zuvor bezogenen Nettoeinkommen, das nunmehr ohne Berücksichtigung des Kindergeldes monatlich zirka 3.180 DM betragen wurde, ergabe sich eine Einkommensminderung um gut 30 Prozent auf 2.154 DM monatlich.

Um dieses Beispiel zu vervollständigen, soll der Versicherte auf der Karriereleiter nach oben steigen. Bis zum 31.12.2005 bezieht er weiterhin ein Monatseinkommen, das dem aus 1996 in Höhe von 4.925 DM entspricht. Danach soll er ein Monatseinkommen bis zum 65. Lebensjahr beziehen, das wertmäßig heute einem Einkommen von 6.000 DM entsprechen würde. Auf Basis dieser Vorgaben würden sich mit Vollendung des 65. Lebensjahres folgende Renten ergeben:

Rentenart	Brutto DM mtl.	Netto DM mtl.
Altersrente	zirka 2.440	zirka 2.256
Witwenrente	zirka 1.464	zirka 1.353

Das unmittelbar vor Altersrentenbeginn bezogene Nettoeinkommen, das sich aus dem Bruttoeinkommen von 6.000 DM monatlich ableitet, würde dann rund 3.720 DM monatlich betragen haben. Gegenüber der Nettoaltersrente würde sich eine Einkommensminderung um 1.464 DM auf fast 2.256 DM ergeben.

Auch bei diesen nur auf die Altersrente bezogenen Beispielen gilt, daß die Einkommensminderung bei der Witwenrente noch wesentlich höher ausfallen würde.

Die Nettorenten wurden ohne Berücksichtigung einer Steuerbelastung, also nur durch Abzug des Kranken- und Pflegeversicherungsbeitrages ermittelt, da in der Regel keine Steuern anfallen (siehe Kapitel „Rente und Steuern", Seite 94 ff.).

Einkommensminderungen

Welche Einkommensminderungen, bezogen auf die Altersrente mit Vollendung des 65. Lebensjahres, sich ergeben, wenn bestimmte Einkommen bezogen wurden, soll folgende Tabelle aufzeigen. Dabei wurde die Altersrente unter Zugrundelegung folgender Annahmen ermittelt:

- drei Jahre anrechenbare Schulzeit
- eine kontinuierliche Einkommensentwicklung, die unmittelbar vor dem Rentenbeginn das nachstehend aufgeführte Niveau erreicht hat
- 45 Versicherungsjahre (mit Schulzeiten = 48 Jahre) auf Basis der beschriebenen Einkommenssituation.

Es handelt sich also in allen Fällen um einen relativ gleichmäßigen Arbeitslebenslauf ohne besondere Karrieresprünge. Die Nettoeinkommen wurden wiederum auf Basis der Steuerklasse III ermittelt, als Jahreseinkommen galt das zwölffache Monatseinkommen. Auf Basis vorgenannter Prämissen würden sich folgende Beträge ergeben:

Monatseinkommen	Altersrente		Nettoeinkommen
DM mtl.	Brutto DM mtl.	Netto DM mtl.	DM mtl.
3.000	1.259	1.164	2.330
3.400	1.660	1.535	2.560
3.800	1.825	1.687	2.785
4.200	1.985	1.835	2.980
4.600	2.140	1.978	3.170
5.000	2.293	2.120	3.363
5.400	2.441	2.257	3.545
5.800	2.586	2.391	3.708
6.200	2.727	2.521	3.885
6.600	2.863	2.647	4.095
7.000	2.996	2.770	4.306
7.400	3.126	2.890	4.512
7.800	3.250	3.005	4.720
8.000	3.292	3.043	4.823

Die Zahlen zeigen: Auch hier ergibt sich eine ganz erhebliche Differenz zwischen Nettoeinkommen und Nettorente.
Folgende Einkommensminderungen wären in unserem Fallbeispiel zu erwarten:

DIE HÖHE DER RENTE

Bruttoeinkommen DM mtl.	Einkommensminderung bei Beginn der Altersrente gegenüber dem zuvor bezogenen Nettoeinkommen in DM mtl.	in %
3.000	1.166	50
3.400	1.025	40
3.800	1.098	39
4.200	1.145	38
4.600	1.192	38
5.000	1.243	37
5.400	1.288	36
5.800	1.317	36
6.200	1.364	35
6.600	1.448	35
7.000	1.536	36
7.400	1.622	36
7.800	1.715	36
8.000	1.780	37

Minderung um ein Drittel

Diese Zahlen belegen deutlich, daß die Nettoaltersrenten aus der gesetzlichen Rentenversicherung in der Regel um mehr als ein Drittel geringer ausfallen als das zuvor bezogene Nettoeinkommen. Die erhebliche Differenz in den unteren Einkommensbereichen ergibt sich daraus, daß das Nettoeinkommen im Vergleich zum Bruttoeinkommen sehr hoch ausfällt, weil in diesen Einkommensbereichen keine oder nur eine sehr geringe Steuerbelastung eintritt.

Bei der eigenen Versorgungsplanung ist zusätzlich noch folgendes zu berücksichtigen: Die Renten, die sich aus den obigen Zahlen ergeben, setzen einen kontinuierlichen Versicherungsverlauf mit insgesamt 48 Versicherungsjahren (45 Beitragsjahre, 3 Jahre anrechenbare Schulzeiten) voraus. Es wurde ferner unterstellt, daß die Altersrente mit Vollendung des 65. Lebensjahres in Anspruch genommen wird. Ein nur um ein Jahr vorverlegter Rentenbeginn führt gegebenenfalls zu einer Kürzung von 3,6 Prozent (siehe Kapitel "Vorzeitige Altersrenten", Seite 70 ff.), sowie einer weiteren Minderung, weil dann nur 47 Versicherungsjahre Grundlage der Rentenberechnung wären.

Außerdem – und das macht eine vernünftige Planung fast unmöglich – ist angesichts der derzeitigen finanziellen Krise der gesetzlichen Rentenversicherung künftig mit weiteren Maßnahmen zu rechnen, die das Rentenniveau weiter absenken werden. Es ist also sicher ratsam und sinnvoll, wenn die eigene Versorgungsplanung davon ausgeht, daß die genannten Einkommensminderungen zukünftig noch höher ausfallen werden.

Insbesondere jüngere Versicherte etwa ab Jahrgang 1950 sollten davon ausgehen, daß ihre Rente in der Regel nicht mehr als etwa die Hälfte des Nettoeinkommens betragen wird. Diese Aussage gilt grundsätzlich für Einkommensgrößen bis zur Beitragsbemessungsgrenze in Höhe von derzeit 8.000 DM monatlich bzw. 96.000 DM jährlich in den alten und 6.800 DM monatlich bzw. 81.600 DM jährlich in den neuen Bundesländern (Stand 1996). Liegt das eigene Einkommen über dieser Grenze, dann steigt die Einkommensminderung bei Rentenbeginn überproportional an.

Rentenniveau sinkt weiter

Jüngere Versicherte

Rentenberechnung für einen unvollständigen Versicherungsverlauf

In den vorhergehenden Beispielen wurden die Rentenhöhen bzw. die Einkommensminderungen für den Fall der Berufs- oder Erwerbsunfähigkeit bzw. für die Altersrente vorgestellt. Es wurde darauf hingewiesen, daß die Rentenhöhen nur dann realistisch sind, wenn ein vollständiger Versicherungsverlauf vorliegt, also eine kontinuierliche Beitragszahlung erfolgte. Dies trifft in der Regel bei den männlichen Versicherten auch zu.

Weibliche Versicherte Wie sieht es aber bei den weiblichen Versicherten aus? Deren Versicherungsbiographie weist oft nicht die Beitragskontinuität auf, die zur Erzielung der zuvor genannten Rentenhöhen erforderlich ist. Für eine modellhafte Berechnung der Rente bei einem unvollständigen Versicherungsverlauf muß differenziert werden in

- Frauen, die ohne nennenswerte Unterbrechung kontinuierlich versicherungspflichtig berufstätig sind
- Frauen, die wegen Kindererziehung nur einige Jahre die versicherungspflichtige Berufstätigkeit unterbrechen
- Frauen, die ganz aus dem Berufsleben ausscheiden, um sich der Familie zu widmen
- Witwen, insbesondere bei Zusammentreffen mit der letzten Fallgruppe.

Bei Frauen, die ohne nennenswerte Unterbrechung berufstätig sind und entsprechende Beiträge zur gesetzlichen Rentenversicherung entrichten, dürften die späteren Renten tendenziell in dem Rahmen liegen, der sich aus den Beispielen des vorhergehenden Kapitels ergab (siehe Abschnitt "Rentenberechnung für einen kontinuierlichen Versicherungsverlauf", Seite 45 ff.).

Rentenberechnung unvollständiger Versicherungsverlauf

Frauen, die, beispielsweise wegen Kindererziehung, einige Jahre aus dem Berufsleben ausscheiden, danach aber wieder Beiträge aufgrund einer versicherungspflichtigen Tätigkeit zur gesetzlichen Rentenversicherung entrichten, müssen, je nach Dauer der Unterbrechung, Abstriche beim Rentenniveau hinnehmen. Bezogen auf die im vorigen Kapitel in der Tabelle aufgeführten erreichbaren Altersrenten dürften die dort genannten Altersrenten für jedes Jahr der Unterbrechung um etwa 2,5 Prozent bis 3,5 Prozent geringer ausfallen.

Abstriche beim Rentenniveau

Für Frauen, die nach kurzer Berufstätigkeit aus dem Berufsleben ausgeschieden sind und keine eigenen oder nur sehr geringe eigene Rentenansprüche haben, sieht die spätere Rentensituation sehr düster aus, insbesondere wenn der Ehepartner verstirbt und als Einkommen nur die Witwenrente zur Verfügung steht.

Einen Überblick, wie sich die Einkommenssituation eines Ehepaares vom Zeitpunkt vor dem Einsetzen der Altersrente über die Altersrente bis hin zur Witwenrente entwickelt, zeigt folgende Tabelle. Basis dieser Tabelle sind die Werte aus der Tabelle im Kapitel zuvor.

Bruttoeinkommen vor dem Rentenbeginn DM mtl.	Nettoeinkommen vor dem Rentenbeginn DM mtl.	Nettoaltersrente DM mtl.	Nettowitwenrente DM mtl.
3.000	2.330	1.164	698
3.400	2.560	1.535	921
3.800	2.785	1.687	1.012
4.200	2.980	1.835	1.101

DIE HÖHE DER RENTE

Bruttoein-kommen vor dem Renten-beginn DM mtl.	Nettoein-kommen vor dem Renten-beginn DM mtl.	Netto-alters-rente DM mtl.	Netto-witwen-rente DM mtl.
4.600	3.170	1.978	1.187
5.000	3.363	2.120	1.272
5.400	3.545	2.257	1.354
5.800	3.708	2.391	1.435
6.200	3.885	2.521	1.513
6.600	4.095	2.647	1.588
7.000	4.306	2.770	1.662
7.400	4.512	2.890	1.734
7.800	4.720	3.005	1.803
8.000	4.823	3.043	1.826

Rentner-ehepaar Die Tabelle zeigt: Ohne privates Vermögen oder private zusätzliche Rentenleistungen ist es für ein Rentnerehepaar, bei dem die Ehefrau keine oder nur geringe Rentenansprüche besitzt, vielleicht gerade noch möglich, die Einkommensminderung beim Übergang von dem Berufsleben zum Altersrentenbezug durch Einschränkungen bei der Lebensführung zu kompensieren.

Witwe Unmöglich wird dies jedoch für die Witwe eines verstorbenen Altersrentners. Die Witwenrente liegt nur etwa zwischen 30 Prozent und 40 Prozent des früheren Nettoeinkommens, welches Basis für den Lebensstandard war. Bedenkt man, daß ein erheblicher Teil der laufenden Ausgaben – zum Beispiel Miete, Telefon, Strom und vieles mehr – auch nach dem Tod des Ehemannes unverändert fortbestehen, dann stellt man schnell fest, daß der Gang zum Sozialamt vorprogrammiert ist.

Wie hoch wird meine Rente?

Unsere Modellrechnungen haben gezeigt, daß die Rentenzahlungen aus der gesetzlichen Rentenversicherung in vielen Fällen deutlich unter dem früheren Nettoeinkommen liegen. Deshalb ist es wichtig, rechtzeitig und ausreichend Vorsorge zu treffen. Wie und in welcher Form Eigenvorsorge betrieben werden kann, wird in dem Kapitel "Ergänzende Maßnahmen (Eigenvorsorge)" ab Seite 113 ff. ausgeführt.

In welcher Höhe aber soll Eigenvorsorge betrieben werden? Die Antwort auf diese Frage ist nicht einfach. Damit Sie die Höhe des notwendigen Eigenvorsorgebetrages kennen, ist es erforderlich, zunächst die sogenannte Versorgungslücke festzustellen. Die Versorgungslücke ist die Differenz zwischen dem Nettoeinkommen und dem zur Verfügung stehenden Nettorenteneinkommen. Auf Basis durchschnittlicher Werte wurde die Versorgungslücke in den vorhergehenden Beispielen aufgezeigt. Für die Ermittlung Ihrer individuellen Versorgungslücke benötigen Sie somit die Höhe der Ihnen im Rentenfall zur Verfügung stehenden Rentenbeträge.

Versorgungslücke

Erhalten Sie zu gegebener Zeit eine Rente von Ihrem jetzigen oder einem früheren Arbeitgeber, eine sogenannte Leistung aus einer betrieblichen Altersversorgung (siehe Kapitel „Betriebliche Altersversorgung", Seite 104 ff.), dann wird Ihnen Ihr Arbeitgeber die Höhe der Ihnen zu gegebener Zeit zustehenden Rentenleistungen mitteilen können. Lassen Sie sich nicht nur die Altersrente, sondern auch die Höhe der Berufsunfähigkeits- und der Hinterbliebenenrente nennen.

Für den Bereich der gesetzlichen Rentenversicherung wird es sicher etwas schwieriger, die Höhe der jeweiligen Rente festzustellen. Zwar bekommen Sie auf Anforde-

DIE HÖHE DER RENTE

Rentenauskunft

rung von Ihrem Versicherungsträger eine sogenannte Rentenauskunft, aus der sich das eine oder andere ableiten läßt. Vorausberechnungen aber, also Hochrechnungen zum Beispiel auf den Altersrentenbeginn oder die Ermittlung der Hinterbliebenenrente unter Berücksichtigung des eigenen Einkommens der Hinterbliebenen, werden von Ihrem Rentenversicherungsträger zumindest nicht im Rahmen der üblichen Rentenauskunft vorgenommen.

Individuelle Berechnung

Nachstehend wird deshalb ein stark vereinfachtes Verfahren zur Ermittlung Ihrer Rente aus der gesetzlichen Rentenversicherung dargestellt. Allerdings bleibt festzuhalten, daß die individuelle Berechnung einer Rente aus der gesetzlichen Rentenversicherung umfangreiche Kenntnisse im Rentenrecht voraussetzt. Die Bewertung bestimmter Beitragszeiten oder sonstiger Zeiten ist von vielen Faktoren abhängig, so daß es nahezu unmöglich ist, eine übersichtliche Anleitung zur Ermittlung der Rente aus der gesetzlichen Rentenversicherung zu geben.

Entgeltpunkte

Entscheidend für die Höhe der Rente ist die Summe der eingezahlten Beiträge bzw. das Einkommen, aus dem die Beiträge einbehalten und der gesetzlichen Rentenversicherung zugeführt werden. Für die Rentenermittlung wird dieses Einkommen durch das Durchschnittseinkommen aller Versicherten geteilt. Das Ergebnis sind die sogenannten Entgeltpunkte.

Beispiel

Eigenes Einkommen in 1995 = *57.400 DM*
*geteilt durch das Durchschnittseinkommen aller Versicherten
in 1995 von* = *50.972 DM*
ergibt = *1,1261 Entgeltpunkte.*

Wie hoch wird meine Rente?

Wurden, zum Beispiel von einem Selbständigen, freiwillige Beiträge entrichtet, so werden diese in Einkommen umgerechnet, indem die Summe der im Laufe eines Kalenderjahres gezahlten Beiträge durch den für Pflichtversicherte geltenden Beitragssatz (siehe „Tabellenanhang", Seite 135 ff.) für die gesetzliche Rentenversicherung geteilt wird.

Beispiel

1995 wurden 12 Beiträge zu je 350 DM, insgesamt also 4.200 DM entrichtet. Der Beitragssatz 1995 betrug 18,6 Prozent. Somit ergibt sich ein Einkommen von 4.200 DM : 18,6 Prozent = 22.580,65 DM. Dieses Einkommen, geteilt durch das Durchschnittseinkommen aller Versicherten im Jahr 1995 in Höhe von 50.972 DM, ergibt die für die Rentenberechnung erforderlichen Entgeltpunkte mit 0,4430 (22.580,65 DM : 50.972 DM).

Sind die freiwilligen Beiträge mit Klassen in Form von Zahlen, zum Beispiel Klasse 1000, gekennzeichnet, dann entspricht das Einkommen pro Beitrag der entsprechenden Klasse. Klasse 1000 wäre demzufolge ein Einkommen von 1.000 DM.

Das Rentenrecht kennt eine ganze Reihe von Besonderheiten, die für die Berechnung der Rente von Bedeutung sind. Eine, auf die hier eingegangen werden soll, weil sie fast jeden Versicherten betrifft, ist die Bewertung der ersten Berufsjahre.

Erste Berufsjahre

In der Regel ist das Einkommen in den ersten Berufsjahren (zum Beispiel Lehrzeit) relativ gering. Würde dieses geringe Einkommen in die Rentenberechnung eingehen, dann würde sich der Durchschnitt aus allen Zeiten, der beispielsweise für die Bewertung der Zurechnungszeit (siehe Kapitel „Beitragsfreie Zeiten und Berücksichtigungszeiten", Seite 39 ff.) von Bedeutung

Anhebung der Entgeltpunkte

ist, erheblich reduzieren. Diesem Umstand wird insoweit Rechnung getragen, als die Pflichtbeiträge der ersten 36 Kalendermonate auf einen Wert von 0,0625 Entgeltpunkten pro Monat angehoben werden, sofern die tatsächlichen Entgeltpunkte aus Pflichtbeiträgen in diesem Zeitraum unterhalb dieses Wertes liegen.

Beispiel

Zu Beginn der Lehrzeit 1996 wurde monatlich ein Einkommen von 700 DM erzielt. Dieses Einkommen, geteilt durch das Durchschnittseinkommen aller Versicherten von 51.108 DM, ergibt lediglich 0,0137 Entgeltpunkte pro Monat. Dieser Wert würde nun auf 0,0625 Entgeltpunkte angehoben.

Vorgehensweise

In der folgenden Tabelle, mit der Sie in Grundzügen Ihre Rente berechnen können, sind die Jahre ab 1965 mit den entsprechenden Durchschnittseinkommen aufgeführt. Tragen Sie hinter der entsprechenden Jahreszahl das von Ihnen in dem gleichen Jahr bezogene rentenversicherungspflichtige Einkommen ein. Sofern Beiträge bereits vor 1965 entrichtet wurden, können Sie die entsprechenden Durchschnittseinkommen aus dem „Tabellenanhang" ab Seite 137 entnehmen. Teilen Sie dann das eigene Einkommen durch das sich aus der Tabelle ergebende Durchschnittseinkommen aller Versicherten, und tragen Sie das Ergebnis in der Spalte „Entgeltpunkte" ein. Erhöhen Sie für die ersten drei Kalenderjahre die ermittelten Entgeltpunkte auf 0,7500 Entgeltpunkte pro Jahr. Dies entspricht zwar nicht der exakten monatlichen Betrachtungsweise, die Abweichungen sind jedoch tolerierbar. In der Spalte „Monate" tragen Sie bitte noch die Anzahl der Monate in dem jeweiligen Kalenderjahr ein, für die Beiträge entrichtet wurden, also beispielsweise 9 Monate, wenn nur für die Zeit vom 1.4. bis 31.12. Beiträge entrichtet wurden.

Wie hoch wird meine Rente?

Kalenderjahr	Monate	Eigenes Jahreseinkommen DM jährl.	Durchschnittseinkommen aller Versicherten DM jährl.	Entgeltpunkte jährlich
1965			9.229	
1966			9.893	
1967			10.219	
1968			10.842	
1969			11.839	
1970			13.343	
1971			14.931	
1972			16.335	
1973			18.295	
1974			20.381	
1975			21.808	
1976			23.335	
1977			24.945	
1978			26.242	
1979			27.685	
1980			29.485	
1981			30.900	
1982			32.198	
1983			33.293	
1984			34.292	
1985			35.286	
1986			36.627	
1987			37.726	
		Zwischensumme		

DIE HÖHE DER RENTE

Kalenderjahr	Monate	Eigenes Jahreseinkommen DM jährl.	Durchschnittseinkommen aller Versicherten DM jährl.	Entgeltpunkte jährlich
Übertrag:				
1988			38.896	
1989			40.063	
1990			41.946	
1991			44.421	
1992			46.820	
1993			48.178	
1994			49.142	
1995			50.972	
1996			51.108	
	Summe			

Weitere Beitragszeiten

Nachdem Sie die Summe der Monate und der Entgeltpunkte ermittelt haben, stellen Sie nun noch fest, ob und in welchem Umfang Kindererziehungszeiten oder Schul-, Fachschul- oder Hochschulzeiten zu berücksichtigen sind. Tragen Sie bitte für jeden Monat an Kindererziehungszeiten und Schul-, Fachschul- und Hochschulzeiten 0,0625 Entgeltpunkte in die folgende Zusammenstellung ein. Beachten Sie, daß für jedes Kind 12 Monate Kindererziehungszeit, für Geburten nach dem 31.12.1991 36 Monate einzusetzen sind. Die Schul-, Fachschul- und Hochschulzeiten nach dem 17. Lebensjahr begrenzen Sie bitte auf 36 Monate.

Wie hoch wird meine Rente?

	Monate	Entgeltpunkte
a) Beitragszeiten aus obiger Aufstellung		
b) Kindererziehungszeiten		
c) Schul-, Fachschul- und Hochschulzeiten		
Summe		

Aufgrund der Summe der Monate können Sie nun feststellen, welche Wartezeit (siehe Kapitel „Leistungsvoraussetzungen", Seite 14 ff.) Sie bis zum Berechnungszeitpunkt erfüllt haben.

Mittels der Summe der Entgeltpunkte können Sie nun die erreichte Rentenanwartschaft feststellen, indem Sie die Entgeltpunkte mit dem aktuellen Rentenwert von 46,67 DM (Stand Juli 1996) multiplizieren.

Erreichte Rentenanwartschaft

Entgeltpunkte _____ x 46,67 DM
ergibt die monatliche Altersrente von _____ DM.

Wenn Sie nun die nachfolgend aufgeführten vorzeitigen Renten wie beispielsweise Berufsunfähigkeitsrente oder Witwenrente errechnen wollen, müssen Sie zunächst den Umfang der Zurechnungszeit (siehe Kapitel „Beitragsfreie Zeiten und Berücksichtigungszeiten", Seite 39 ff.) ermitteln, wobei nochmals darauf hingewiesen wird, daß die Zurechnungszeit nur dann relevant wird, wenn der Rentenfall vor Vollendung des 60. Lebensjahres eintritt. Gehen Sie hinsichtlich der Ermittlung der Zurechnungszeit von folgendem Berechnungsschema aus, bzw. tragen Sie die entsprechenden Daten ein:

DIE HÖHE DER RENTE

a) Eintritt des Rentenfalles:	
b) Vollendung des 55. Lebensjahres:	
Die Zeit von a) bis b) umfaßt	Monate
Für die Zeit von der Vollendung des 55. Lebensjahres bis zur Vollendung des 60. Lebensjahres werden zusätzlich gewährt.	20 Monate
Gesamtzahl der Monate	Monate

Entgeltpunkte für Zurechnungszeit

Sofern der Rentenfall nach dem 55. Lebensjahr eingetreten ist, tragen Sie vorstehend ein Drittel der Monate vom Zeitpunkt des Eintritts des Rentenfalles bis zur Vollendung des 60. Lebensjahres ein.

Teilen Sie die Summe der Entgeltpunkte aus den obigen Beitragszeiten und Kindererziehungszeiten durch die Anzahl der Monate aus diesen Zeiten. Das Ergebnis multiplizieren Sie nun mit den Monaten der vorgenannten Zurechnungszeit. Somit haben Sie die Entgeltpunkte für die Zurechnungszeit errechnet:

	Monate	Entgeltpunkte
a) aus allen Beitrags-, Kindererziehungs-, Schul-, Fachschul- und Hochschulzeiten		
b) Zurechnungszeit		
Summe		

Die Ausgangsrente ergibt sich dann wie folgt:
Entgeltpunkte _____ x 46,67 DM = _____ DM.

Durch Multiplikation mit den folgenden Faktoren erhalten Sie die Höhe der Renten bei

Rentenhöhen

Rentenart	Faktor
Berufsunfähigkeit	0,6667
Erwerbsunfähigkeit	1,0000
Erziehungsrente	1,0000
Kleine Witwen(r)rente	0,2500
Große Witwen(r)rente	0,6000
Halbwaisenrente	0,1000
Vollwaisenrente	0,2000

Hinzuweisen ist noch darauf, daß die Berechnungsergebnisse auf den Berechnungszeitpunkt abgestellt sind. Das bedeutet insbesondere bei den Renten, bei denen Sie eine Zurechnungszeit berücksichtigt haben, daß diese nur zum derzeitigen Zeitpunkt gelten. Tritt beispielsweise der Rentenfall ein Jahr nach dem Zeitpunkt der Berechnung ein, dann ist die Zurechnungszeit entsprechend kürzer, wodurch sich wiederum die ermittelten Renten verändern. Die Zurechnungszeit kann geringer ausfallen, wenn der Versicherungsverlauf größere zeitliche Lücken enthält.

Wichtig: Berechnungszeitpunkt

Das vorstehende Berechnungsschema enthält auch nicht die Besonderheiten der weiteren beitragslosen Zeiten (zum Beispiel Arbeitslosigkeit, Krankheit und ähnliches), da für die Bewertung dieser Zeiten umfangreiche Prüfungs- und Rechenschritte vorgenommen werden müßten. Es gilt uneingeschränkt auch nicht für die Ermittlung der Renten für die Versicherten in den

DIE HÖHE DER RENTE

Neue Bundesländer

neuen Bundesländern. Hier wäre zuvor das Einkommen, welches in den neuen Bundesländern bezogen wurde, mittels bestimmter Umrechnungsfaktoren auf das Niveau der alten Bundesländer umzurechnen. Die so umgerechneten Einkommen wären sodann in die obige Tabelle einzutragen. Die entsprechenden Umrechnungsfaktoren erhalten Sie bei Ihrem zuständigen Rentenversicherungsträger. Außerdem gilt anstelle des vorgenannten aktuellen Rentenwertes von 46,67 DM in den neuen Bundesländern der aktuelle Rentenwert von 38,38 DM (Stand Juli 1996).

Wenn Sie nun die Rente entsprechend dem obigen Schema ermittelt haben, dann haben Sie einen ungefähren Überblick, wie Ihr derzeitiger Status aussieht. Es handelt sich jedoch nur um eine Größenordnung, da viele rentenrechtliche Besonderheiten aus Gründen der Übersichtlichkeit nicht erfaßt werden konnten.

Zukünftige Rentenhöhe

Möchten Sie nun wissen, welche Höhe Ihre Rente beispielsweise mit Vollendung des 65. Lebensjahres haben könnte, dann entwickeln Sie die Werte aus dem Jahre 1996 entsprechend fort, in dem Sie die bisherigen Entgeltpunkte aus dem Jahre 1996 durch die entsprechenden Monate in 1996 dividieren. Als Ergebnis haben Sie dann die monatlichen Entgeltpunkte für 1996. Multiplizieren Sie nun diese Entgeltpunkte mit der Anzahl der Monate nach dem letzten bewerteten Beitrag des Jahres 1996 bis zum Monat der Vollendung des 65. Lebensjahres. Die sich hieraus ergebenden Entgeltpunkte addieren Sie zu den oben bis 1996 ermittelten Entgeltpunkten, jedoch ohne die Entgeltpunkte aus der Zurechnungszeit, hinzu und multiplizieren diese mit dem aktuellen Rentenwert von 46,67 DM (38,38 DM in den neuen Bundesländern). Als Ergebnis haben Sie dann die auf die Vollendung des 65. Lebensjahres hochgerechnete Altersrente.

Wenn Sie von der so ermittelten Rente die Beiträge zur Kranken- und Pflegeversicherung in Höhe von 7,55 Prozent abziehen, dann haben Sie als Ergebnis die Nettorente.

Die Höhe ihrer Versorgungslücke ergibt sich aus der Differenz zwischen Nettoeinkommen und Nettorente (gegebenenfalls mit Ihrer Nettorente aus der betrieblichen Altersversorgung). Als Ergebnis haben Sie dann die Versorgungslücke, die ganz oder teilweise abzudecken wäre. (Zur Berechnung der Versorgungslücke siehe auch Kapitel "Ergänzende Maßnahmen (Eigenvorsorge)", Seite 113 ff.)

Höhe der Versorgungslücke

Was passiert, wenn Sie Ihre Altersrente nicht mit Vollendung des 65. Lebensjahres, sondern zu einem früheren Zeitpunkt in Anspruch nehmen wollen oder müssen? In diesem Fall ist die vorher beschriebene Hochrechnung nicht auf das 65. Lebensjahr, sondern auf den Zeitpunkt des Beginns der Altersrente, zum Beispiel auf das 63. Lebensjahr, vorzunehmen.

Außerdem werden die Altersrenten wegen der vorzeitigen Inanspruchnahme um bestimmte Werte gekürzt. Welche Kürzung in welchen Fällen vorgenommen wird, ergibt sich aus dem folgenden Kapitel.

Vorzeitige Altersrenten

Altersrenten können grundsätzlich ab Vollendung des 60. Lebensjahres bezogen werden. Bis zum Inkrafttreten des Rentenreformgesetzes 1992 konnte die Altersrente ungekürzt, also bis zur Höhe des zum Zeitpunkt des Rentenbeginns erworbenen Rentenanspruches zugeteilt werden.

Abzüge bei vorzeitigem Bezug
Mit dem Rentenreformgesetz wurden erstmals Abschläge für den Fall eingeführt, daß bestimmte Altersrenten vor Vollendung des 65. Lebensjahres bezogen werden sollen. Betroffen hiervon waren aufgrund der Bestimmungen des Rentenreformgesetzes
- die Altersrente ab Vollendung des 63. Lebensjahres
- die Altersrente für Frauen ab Vollendung des 60. Lebensjahres
- die Altersrente wegen Arbeitslosigkeit ab Vollendung des 60. Lebensjahres.

Hiermit sollte erreicht werden, daß der Altersrentenbeginn für die vorgenannten Altersrenten stufenweise von dem 60. bzw. 63. Lebensjahr auf das 65. Lebensjahr angehoben wird. Für jeden Monat des Altersrentenbezuges vor Vollendung des 65. Lebensjahres sollte die Altersrente um 0,3 Prozent, höchstens jedoch um 10,8 Prozent gekürzt werden. Das Heraufsetzen der Altersgrenzen sollte ursprünglich schrittweise eingeführt werden.

Aufgrund der finanziellen Probleme der gesetzlichen Rentenversicherung ist der Gesetzgeber von den Regelungen des Rentenreformgesetzes insoweit abgewichen, als die Anhebung der Altersgrenzen nunmehr wesentlich früher vorgenommen wird, also auch die Versicherten betroffen sind, die in Kürze die vorzeitige Altersrente beantragen wollten.

Wie bereits ausgeführt, bedeutet die Anhebung der Altersgrenzen auf das 65. Lebensjahr nicht, daß nunmehr die Altersrente grundsätzlich erst mit Vollendung des 65. Lebensjahres bezogen werden kann. Auch weiterhin können die Altersrenten bis zu fünf Jahre früher in Anspruch genommen werden. In diesem Fall ist aber, nach Ablauf einer Übergangsregelung, für jeden Monat der vorzeitigen Inanspruchnahme eine Rentenkürzung von 0,3 Prozent, jetzt jedoch bis maximal 18 Prozent vorgesehen.

Frühere Altersrente möglich

Bei der Anhebung der Altersgrenzen ist zu unterscheiden zwischen der Altersgrenze von 60 Jahren für Frauen, der Altersgrenze von 60 Jahren für Arbeitslose und der Altersgrenze von 63 Jahren.

Altersgrenze von 60 Jahren für Frauen

Die Diskussion, ab welchem Jahrgang die Altersgrenze für Frauen von dem 60. auf das 65. Lebensjahr angehoben werden soll, war bei Drucklegung dieses Ratgebers noch in vollem Gange. Es zeichnete sich jedoch ab, daß die Anhebung der Altersgrenzen ab dem Jahr 2000, also für Geburtsjahrgänge ab 1940, wirksam wird. So kann mit ziemlicher Sicherheit davon ausgegangen werden, daß die Anhebung der Altersgrenzen entsprechend nachstehender Tabelle erfolgen wird. Dennoch ist nicht auszuschließen, daß im Rahmen des Gesetzgebungsverfahrens noch Änderungen vorgenommen werden, so

Anhebung ab Jahr 2000?

daß die folgenden Anhebungstabellen nur unverbindlichen Charakter haben können. Nachstehende Tabelle zeigt anhand eines Modellfalls, welche Altersgrenze bei welchem Geburtsmonat bzw. Geburtsjahr künftig für Frauen Gültigkeit haben wird, ab welchem Zeitpunkt die Altersrente frühestens bezogen werden kann und wie hoch dann die Kürzung der Renten ausfallen wird. Grundlage sind folgende Daten:

Modellfall

Geburtsdatum:	2.7.1944
Anhebung der Altersgrenze gem. Tabelle:	55 Monate
Altersrentenbeginn:	64 Jahre und 7 Monate
Frühester Altersrentenbeginn:	60 Jahre
Kürzung der Altersrente dann um:	16,5 %

Die Erhöhung der Altersgrenze ergibt sich wie folgt:

Geburts-jahr/ Geburts-monat	Anhe-bung um ... Monate	auf Alter		frühester Renten-beginn		Kürzung monatl. in %
		Jahr	Mon.	Jahr	Mon.	
1940						
Januar	1	60	1	60	0	0,3
Februar	2	60	2	60	0	0,6
März	3	60	3	60	0	0,9
April	4	60	4	60	0	1,2
Mai	5	60	5	60	0	1,5
Juni	6	60	6	60	0	1,8
Juli	7	60	7	60	0	2,1
August	8	60	8	60	0	2,4
September	9	60	9	60	0	2,7
Oktober	10	60	10	60	0	3,0

Altersgrenze von 60 Jahren für Frauen

Geburts-jahr/ Geburts-monat	Anhe-bung um ... Monate	auf Alter		frühester Renten-beginn		Kürzung monatl. in %
		Jahr	Mon.	Jahr	Mon.	
November	11	60	11	60	0	3,3
Dezember	12	61	0	60	0	3,6
1941						
Januar	13	61	1	60	0	3,9
Februar	14	61	2	60	0	4,2
März	15	61	3	60	0	4,5
April	16	61	4	60	0	4,8
Mai	17	61	5	60	0	5,1
Juni	18	61	6	60	0	5,4
Juli	19	61	7	60	0	5,7
August	20	61	8	60	0	6,0
September	21	61	9	60	0	6,3
Oktober	22	61	10	60	0	6,6
November	23	61	11	60	0	6,9
Dezember	24	62	0	60	0	7,2
1942						
Januar	25	62	1	60	0	7,5
Februar	26	62	2	60	0	7,8
März	27	62	3	60	0	8,1
April	28	62	4	60	0	8,4
Mai	29	62	5	60	0	8,7
Juni	30	62	6	60	0	9,0
Juli	31	62	7	60	0	9,3
August	32	62	8	60	0	9,6
September	33	62	9	60	0	9,9
Oktober	34	62	10	60	0	10,2
November	35	62	11	60	0	10,5
Dezember	36	63	0	60	0	10,8

VORZEITIGE ALTERSRENTEN

Geburts-jahr/ Geburts-monat	Anhebung um ... Monate	auf Alter		frühester Rentenbeginn		Kürzung monatl. in %
		Jahr	Mon.	Jahr	Mon.	
1943						
Januar	37	63	1	60	0	11,1
Februar	38	63	2	60	0	11,4
März	39	63	3	60	0	11,7
April	40	63	4	60	0	12,0
Mai	41	63	5	60	0	12,3
Juni	42	63	6	60	0	12,6
Juli	43	63	7	60	0	12,9
August	44	63	8	60	0	13,2
September	45	63	9	60	0	13,5
Oktober	46	63	10	60	0	13,8
November	47	63	11	60	0	14,1
Dezember	48	64	0	60	0	14,4
1944						
Januar	49	64	1	60	0	14,7
Februar	50	64	2	60	0	15,0
März	51	64	3	60	0	15,3
April	52	64	4	60	0	15,6
Mai	53	64	5	60	0	15,9
Juni	54	64	6	60	0	16,2
Juli	55	64	7	60	0	16,5
August	56	64	8	60	0	16,8
September	57	64	9	60	0	17,1
Oktober	58	64	10	60	0	17,4
November	59	64	11	60	0	17,7
Dezember	60	65	0	60	0	18,0
1945 und später	60	65	0	60	0	18,0

Die Tabelle zeigt, daß die zu erwartende Altersrente im Extremfall um 18 Prozent gekürzt wird. Nimmt man eine realistische Altersrente von beispielsweise 2.000 DM monatlich, die bis zur Vollendung des 60. Lebensjahres erreicht wurde, dann führt die Anhebung der Altersgrenze dazu, daß bei einem Bezug der Altersrente mit Vollendung des 60. Lebensjahres immerhin eine Kürzung von 360 DM monatlich vorgenommen wird (bei Geburtsjahrgang ab 1942). In unserem Beispiel ergäbe sich dann lediglich eine Altersrente in Höhe von 1.640 DM monatlich.

Kürzungen

Die Kürzung gilt nicht nur bis zur Vollendung des 65. Lebensjahres. Sie wirkt für die gesamte Dauer des Rentenbezuges und geht gegebenenfalls auch auf eine Hinterbliebenenrente über.

Nimmt man eine Lebenserwartung ab dem 60. Lebensjahr von 20 Jahren, dann würde die vorgenannte Kürzung zu einem Rentenverlust von insgesamt 86.400 DM führen. Insoweit müssen die von der Anhebung der Altersgrenze betroffenen Versicherten genau überlegen, ob die vorgezogene Altersrente bezogen werden soll.

Vorgezogene Altersrente kaum sinnvoll

Altersgrenze von 60 Jahren wegen Arbeitslosigkeit

Die Anhebung der Altersgrenze für die Altersrente wegen Arbeitslosigkeit sollte, wie auch bei der Altersrente für Frauen, erst zu einem späteren Zeitpunkt erfolgen.

Durch Beschluß der Bundesregierung vom 14.2.1996 wurde zum einen die Altersrente wegen Arbeitslosigkeit ergänzt um die Altersrente nach Altersteilzeitarbeit und zum anderen die Anhebung der Altersgrenze ebenfalls

Ausnahmen bei der Anhebung

vorgezogen. Von der Anhebung der Altersgrenze für die Altersrente wegen Arbeitslosigkeit und nach Altersteilzeitarbeit sind jedoch aus Gründen des Vertrauensschutzes ausgenommen

- Versicherte, die vor dem 14.2.1996 das 55. Lebensjahr vollendet haben und die an diesem Tag bereits arbeitslos sind oder Anpassungsgeld für entlassene Arbeitnehmer des Bergbaus beziehen
- Versicherte, die vor dem 14.2.1996 das 55. Lebensjahr vollendet haben und deren Arbeitsverhältnis aufgrund einer Kündigung oder Vereinbarung, die vor dem 14.2.1996 erfolgt ist, beendet wird und die daran anschließend arbeitslos werden oder Anpassungsgeld für entlassene Arbeitnehmer des Bergbaus beziehen.

Die Altersgrenze bei der Altersrente wegen Arbeitslosigkeit und nach Altersteilzeitarbeit wird nunmehr wie folgt angehoben, wobei aus Gründen der Übersichtlichkeit nur die Jahresschritte aufgeführt werden.

Versicherte Geburtsmonat/ Geburtsjahr	Vollendung des 60. Lebensjahres bis	Anhebung der Altersgrenze auf das ... Lebensjahr	Höhe der Rentenkürzung bei Rentenbeginn mit dem 60. Lebensjahr
Dez. 1937	31.12.1997	61	3,6 %
Dez. 1938	31.12.1998	62	7,2 %
Dez. 1939	31.12.1999	63	10,8 %

Auch die Anhebung der Altersgrenze bei der Altersrente wegen Arbeitslosigkeit und nach Altersteilzeitarbeit zeigt, daß der Gesetzgeber auch auf diejenigen keine Rücksicht nimmt, die unverschuldet arbeitslos werden. Der Anhebung der Altersgrenze für Frauen kann man möglicherweise noch ein bestimmtes Verständnis entgegenbringen, da die Entscheidung, die Altersrente zu einem früheren Zeitpunkt zu beantragen, in der Regel freiwillig getroffen wird. Die Tatsache, daß jemand arbeitslos wird, ist selten eine freiwillige Entscheidung des Versicherten und somit mit doppelten finanziellen Nachteilen verbunden: einem Arbeitslosengeld, das wesentlich unter dem zuletzt bezogenen Einkommen liegt und zusätzlich noch eine dauerhafte Kürzung der Altersrente von bis zu 10,8 Prozent.

Doppelte Härte: Arbeitslosigkeit

Eine weitere Anhebung vom 63. auf das 65. Lebensjahr wird voraussichtlich in den kommenden Jahren erfolgen. Um so wichtiger ist es insbesondere für die jüngeren Versicherten, rechtzeitig Vorsorge zu treffen.

Altersgrenze von 63 Jahren

Neben der Anhebung der genannten Altersgrenzen wurde auch die Anhebung der Altersgrenze bei der Altersrente für langjährig Versicherte mit Vollendung des 63. Lebensjahres vorgezogen. Versicherte, die von diesem Rentenanspruch Gebrauch machen wollen, müssen ebenfalls die in nachfolgender Aufstellung aufgeführten Rentenkürzungen in Kauf nehmen:

VORZEITIGE ALTERSRENTEN

Geburts-jahr/ Geburts-monat	Anhebung um ... Monate	auf Alter		frühester Rentenbeginn		Kürzung monatl. in %
		Jahr	Mon.	Jahr	Mon.	
1937						
Januar	1	63	1	63	0	0,3
Februar	2	63	2	63	0	0,6
März	3	63	3	63	0	0,9
April	4	63	4	63	0	1,2
Mai	5	63	5	63	0	1,5
Juni	6	63	6	63	0	1,8
Juli	7	63	7	63	0	2,1
August	8	63	8	63	0	2,4
September	9	63	9	63	0	2,7
Oktober	10	63	10	63	0	3,0
November	11	63	11	63	0	3,3
Dezember	12	64	0	63	0	3,6
1938						
Januar	13	64	1	63	0	3,9
Februar	14	64	2	63	0	4,2
März	15	64	3	63	0	4,5
April	16	64	4	63	0	4,8
Mai	17	64	5	63	0	5,1
Juni	18	64	6	63	0	5,4
Juli	19	64	7	63	0	5,7
August	20	64	8	63	0	6,0
September	21	64	9	63	0	6,3
Oktober	22	64	10	63	0	6,6
November	23	64	11	63	0	6,9
Dezember	24	65	0	63	0	7,2
1939 und später	24	65	0	63	0	7,2

Wie die Ausführungen und Tabellen in diesem Kapitel zeigen, ist die Anhebung der Altersgrenzen mit relativ hohen Rentenminderungen verbunden, wenn von einem früheren Rentenbeginn als dem 65. Lebensjahr ausgangen wird. Insbesondere die Versicherten, die von der obigen Übergangsregelung, also der stufenweisen Anhebung, nicht betroffen sind, das sind die Versicherten ab Jahrgang 1939 bzw. 1945 müssen künftig sehr wohl überlegen, ob ein früherer Rentenbeginn unter finanziellen Aspekten überhaupt realisiert werden kann. Für diese Personengruppen gilt dann nämlich uneingeschränkt als Altersrentenbeginn das 65. Lebensjahr.

Hohe Einbußen

Hinzuweisen ist noch darauf, daß die Altersrente wegen Schwerbehinderung, Berufs- oder Erwerbsunfähigkeit nicht von der Anhebung der Altersgrenzen betroffen ist. Diese Rente kann nach wie vor mit Vollendung des 60. Lebensjahres ungekürzt bezogen werden.

Hinzuverdienst und Rente

Starke Einschränkungen

Die Hinzuverdienstmöglichkeiten beim Bezug einer Rente vor Vollendung des 65. Lebensjahres sind in den vergangenen Jahren immer mehr eingeschränkt worden. Je nach Rentenart sind unterschiedliche Hinzuverdienstgrenzen zu beachten, die nachstehend beschrieben werden.

Rente wegen Berufsunfähigkeit

Neue Hinzuverdienstgrenzen

Bei Beginn einer Rente wegen Berufsunfähigkeit vor dem 1.1.1996 kannte man bislang keine Hinzuverdienstgrenze. Mit Wirkung ab 1.1.1996, das heißt bei Rentenbeginn nach dem 31.12.1995, sind jedoch auch bei der Berufsunfähigkeitsrente Hinzuverdienstgrenzen eingeführt worden. Die Höhe der Hinzuverdienstgrenze ist vom individuellen Einkommen, begrenzt auf die Beitragsbemessungsgrenze, in dem Jahr vor dem Beginn der Rente abhängig, wobei als Mindesteinkommen die Hälfte des Durchschnittsverdienstes aller Versicherten (entspricht 1996 einem Betrag von zirka 25.500 DM) unterstellt wird, sofern das eigene Einkommen unterhalb dieses Betrages liegt.

Zum besseren Verständnis, welche Hinzuverdienstgrenzen bei welchem Einkommen gelten, werden nachstehend die Hinzuverdienstgrenzen – beispielhaft für bestimmte Einkünfte – aufgeführt.

Rente wegen Berufsunfähigkeit

Einkommen jährlich im Jahr 1995	mtl. Hinzuverdienstgrenze bei Bezug einer Berufsunfähigkeitsrente in voller Höhe	
	alte Bundesländer	neue Bundesländer
25.000 DM	1.225 DM	1.007 DM
40.000 DM	1.923 DM	1.581 DM
65.000 DM	3.125 DM	2.569 DM
80.000 DM	3.846 DM	3.036 DM
100.000 DM	4.499 DM	3.036 DM

Wird diese Hinzuverdienstgrenze überschritten, wobei pro Jahr ein zweimaliges Überschreiten um das Doppelte der vorgenannten Beträge zulässig ist, dann wird die Berufsunfähigkeitsrente gekürzt. Die Kürzung vollzieht sich in der Weise, daß zunächst eine Berufsunfähigkeitsrente in Höhe von zwei Drittel gewährt wird, für die folgende Hinzuverdienstgrenzen gelten:

Kürzung auf zwei Drittel

Einkommen jährlich im Jahr 1995	mtl. Hinzuverdienstgrenze bei Bezug einer Berufsunfähigkeitsrente in Höhe von zwei Drittel der Vollrente	
	alte Bundesländer	neue Bundesländer
25.000 DM	1.633 DM	1.343 DM
40.000 DM	2.564 DM	2.108 DM
65.000 DM	4.167 DM	3.425 DM
80.000 DM	5.128 DM	4.048 DM
100.000 DM	5.999 DM	4.048 DM

HINZUVERDIENST UND RENTE

Kürzung auf ein Drittel Bei Überschreiten dieser Hinzuverdienstgrenzen erfolgt eine Kürzung der Zwei-Drittel-Rente auf ein Drittel. Bei einer solchen Berufsunfähigkeitsrente in Höhe von einem Drittel der Vollrente ergeben sich folgende Hinzuverdienstgrenzen:

Einkommen jährlich im Jahr 1995	mtl. Hinzuverdienstgrenze bei Bezug einer Berufsunfähigkeitsrente in Höhe von einem Drittel der Vollrente	
	alte Bundesländer	neue Bundesländer
25.000 DM	2.041 DM	1.679 DM
40.000 DM	3.205 DM	2.635 DM
65.000 DM	5.209 DM	4.281 DM
80.000 DM	6.410 DM	5.060 DM
100.000 DM	7.499 DM	5.060 DM

Ruhende Rente Sofern das eigene Einkommen die monatliche Hinzuverdienstgrenze für die Ein-Drittel-Rente übersteigt, ruht die Berufsunfähigkeitsrente in voller Höhe. Sie lebt erst dann wieder in einem bestimmten oder in vollem Umfang auf, wenn durch Wegfall oder Reduzierung des anrechenbaren Einkommens die entsprechenden Hinzuverdienstgrenzen eingehalten werden können.

Rente wegen Erwerbsunfähigkeit

Beim Bezug einer Rente wegen Erwerbsunfähigkeit, bei der unterstellt wird, daß die noch verbliebene Erwerbsfähigkeit die Ausübung einer regelmäßigen Tätigkeit nicht mehr zuläßt, beträgt die monatliche Hinzuverdienstgrenze 590 DM in den alten bzw. 500 DM in den neuen Bundesländern (Stand 1996). Auch hierbei gilt, daß ein zweimaliges Überschreiten um das Doppelte dieses Betrages im Jahr keine Auswirkung auf die Rente hat. Das bedeutet, daß ein Jahresbetrag von 8.260 DM (10 Monate zu je 590 DM und 2 Monate zu je 1.180 DM) in Westdeutschland bzw. 7.000 DM (10 Monate zu je 500 DM und 2 Monate zu je 1.000 DM) in Ostdeutschland hinzuverdient werden darf, ohne daß eine Kürzung erfolgt. Werden diese Grenzen überschritten, erfolgt eine Umwandlung der Erwerbsunfähigkeits- in eine Berufsunfähigkeitsrente.

Grenzen:
590 DM
bzw. 500 DM

Altersrenten als Vollrenten

Wird eine Altersrente als Vollrente bezogen, wird diese vor Vollendung des 65. Lebensjahres ungekürzt nur gewährt, wenn auch hier die monatliche Hinzuverdienstgrenze nicht überschritten wird. Dies betrifft die
- Altersrente an Frauen
- Altersrente wegen Arbeitslosigkeit und nach Altersteilzeitarbeit
- Altersrente wegen mindestens 50prozentiger Schwerbehinderung, Berufs- und Erwerbsunfähigkeit
- Altersrente an langjährig Versicherte.

Als monatliche Hinzuverdienstgrenze gilt hierbei – wie bei Bezug einer Rente wegen Erwerbsunfähigkeit – ein Betrag von 590 DM in den alten bzw. 500 DM in den neuen Bundesländern, wobei auch hier ein zweimaliges Überschreiten im Jahr zu keiner Kürzung der Altersrente als Vollrente führt. Ähnlich wie bei der Berufsunfähigkeitsrente erfolgt jedoch bei Überschreiten der Hinzuverdienstgrenze eine Reduzierung auf eine Teilrente.

Altersrenten als Teilrenten

Hinzuverdienst bei Altersrenten

Hierbei unterscheidet man zwischen der Zwei-Drittel-, Ein-Halb- und Ein-Drittel-Teilrente. Je niedriger die Teilrente ist, um so höher fällt die monatliche Hinzuverdienstgrenze aus. Das individuelle Einkommen im Jahr vor Beginn der Rente ist Grundlage für die Ermittlung des Hinzuverdienstes, wobei auch hier als Mindesteinkommen die Hälfte des Durchschnittsverdienstes aller Versicherten und als Höchsteinkommen die Beitragsbemessungsgrenze zugrunde gelegt wird.

Beispiel
Bei einem Einkommen von 50.000 DM im Jahr vor Rentenbeginn sind die Hinzuverdienstgrenzen wie folgt festgelegt:

Art der Teilrente	monatliche Hinzuverdienstgrenze	
	Westdeutschl. DM	Ostdeutschl. DM
Zwei-Drittel-Teilrente	1.598	1.314
Ein-Halb-Teilrente	2.397	1.971
Ein-Drittel-Teilrente	3.196	2.628

Einkommensanrechnung bei Hinterbliebenenrenten

Die seit dem 1.1.1986 bestehende Regelung, daß ab diesem Zeitpunkt eigene Einkünfte grundsätzlich auf die Hinterbliebenenrente anzurechnen sind, bedeutet in vielen Fällen eine drastische Kürzung dieser Rente, da oftmals eine Tätigkeit noch ausgeübt werden muß, um den Lebensstandard auch nach dem Tod eines Ehepartners aufrechtzuerhalten.

Mit Wirkung ab 1.1.1986 wurde zudem die Gewährung einer Witwerrente eingeführt. Bis zu diesem Zeitpunkt wurde eine Witwerrente nur in den Fällen gewährt, in denen die Ehefrau den überwiegenden Lebensunterhalt der Familie bestritten hatte. Da dies selten vorkam, wurden Witwerrenten nur in Ausnahmefällen gewährt.

Witwerrente

Welche Auswirkungen durch die Einkommensanrechnung auf Hinterbliebenenrenten entstehen können, soll nachstehend beschrieben werden, wobei auf die Darstellung der bis zum 31.12.1995 geltenden Übergangsregelung aus Gründen der Übersichtlichkeit verzichtet wird. Von der Einkommensanrechnung sind folgende Rentenarten betroffen:

Einkommensanrechnung

- Witwenrente
- Witwerrente
- Erziehungsrente
- Waisenrente (bei über 18jährigen Waisen).

Zu den anrechenbaren Einkünften gehören insbesondere die folgenden:

- Einkünfte aus einer abhängigen Tätigkeit
- Einkünfte aus einer selbständigen Tätigkeit
- der Bezug von Kranken-, Übergangs-, Arbeitslosengeld etc.
- Renten aus der gesetzlichen Rentenversicherung (auch Renten aus einer ausländischen Sozialversicherung)
- Verletztengeld aus der Unfallversicherung
- Beamtenversorgung und vergleichbare Bezüge
- Leistungen aus den berufsständischen Versicherungs- und Versorgungswerken.

Ausnahmen Nicht angerechnet werden dagegen insbesondere
- Leistungen aus der betrieblichen Altersversorgung
- Einkünfte aus privaten Lebensversicherungen
- Einkünfte aus Kapitalvermögen
- Einkünfte aus Vermietung und Verpachtung
- Sozialleistungen, wie z. B. Sozialhilfe oder Wohngeld
- Hinterbliebenenrenten
- Witwen-/Witwerpension
- Pflegegeld gemäß dem Pflegeversicherungsgesetz für die nicht erwerbsmäßige häusliche Pflege eines Pflegebedürftigen.

Für die Berechnung des eigenen monatlichen Einkommens wird grundsätzlich das durch 12 Monate geteilte Vorjahreseinkommen herangezogen. Dies betrifft insbesondere Einkünfte aus einer abhängigen oder selbständigen Tätigkeit. Das aktuelle Einkommen kann auf Antrag in den Fällen zugrunde gelegt werden, in denen es um mindestens 10 Prozent unter dem entsprechenden Vorjahreseinkommen liegt. Ohne Antrag wird das aktuelle Einkommen bei der erstmaligen Festsetzung der Rente und der jährlichen Rentenanpassung zum Stichtag 1.7. berücksichtigt, sofern es ebenfalls um mindestens 10 Prozent niedriger ist als das Vorjahreseinkommen. Dies gilt auch dann, wenn beispielsweise neben einer Witwen- oder Witwerrente eine eigene Rente aus der Sozialversicherung bezogen wird. Keine Einkommensanrechnung erfolgt in dem sogenannten Sterbevierteljahr; das sind die ersten drei Monate nach Ablauf des Monats, in dem der Todesfall eingetreten ist.

Sterbevierteljahr

Fallen eigene Einkünfte erst nach Beginn einer Witwen- oder Witwerrente an, dann werden diese erst bei der nächsten Rentenanpassung zum darauffolgenden 1.7. berücksichtigt.

In welcher Höhe wird nunmehr eine Kürzung der Hinterbliebenenrente vorgenommen? Die diesbezüglichen Berechnungen erfolgen in der Weise, daß grundsätzlich das Bruttoeinkommen des Vorjahres durch einen pauschalen Abzug in ein Nettoeinkommen umgewandelt wird. Die Höhe dieses pauschalen Abzuges richtet sich nach der jeweiligen Einkunftsart.

Höhe der Kürzung

Das nach diesem Abzug entstandene Nettojahreseinkommen wird durch 12 Monate dividiert und ergibt sodann das monatliche Nettoeinkommen. Von diesem wird ein feststehender Freibetrag abgezogen. Der Freibetrag verändert sich jeweils zum 1.7. eines Jahres und beträgt mit Stand 1.7.1996 bei Bezug einer

Rentenart	alte Bundesländer mtl. DM	neue Bundesländer mtl. DM
Witwen(r)-, Erziehungsrente	1.232,09	1.013,23
Waisenrente	821,39	675,49

Freibeträge

Der Freibetrag für Witwen-, Witwer- und Erziehungsrenten erhöht sich für jedes waisenrentenberechtigte Kind um 261,35 DM monatlich in den alten bzw. 214,93 DM monatlich in den neuen Bundesländern.

Von dem den Freibetrag überschreitenden Betrag werden sodann 40 Prozent auf die jeweilige Hinterbliebenenrente angerechnet, das heißt, die Witwen-, Witwer-, Erziehungs- oder Waisenrente wird um 40 Prozent des den Freibetrag übersteigenden Betrages gekürzt.

Beispiel

Das Vorjahreseinkommen einer Witwe mit einem waisenrentenberechtigten Kind in den neuen Bundesländern beträgt aus einer abhängigen Tätigkeit 45.000 DM brutto. Die Überprüfung, ob die ungekürzte Witwenrente in Höhe von 1.400 DM monatlich gekürzt werden muß, wird nun wie folgt vorgenommen:

Bruttoeinkommen des Vorjahres	45.000,00 DM jährlich
abzgl. pauschaler Abzug v. 35 %	15.750,00 DM jährlich
Nettoeinkommen	29.250,00 DM jährlich
: 12 Monate = mtl. Nettoeink.	2.437,50 DM mtl.
abzgl. Freibetrag (1.013,23 DM + 214,93 DM für die Waise)	1.228,16 DM mtl.
verbleiben	1.209,34 DM mtl.
hiervon 40 % Kürzung	483,74 DM mtl.
ungekürzte Witwenrente	1.400,00 DM mtl.
abzgl. Kürzungsbetrag	483,74 DM mtl.
gekürzte Witwenrente	916,26 DM mtl.

Kürzungen ab 1.900 DM brutto

Selbst eine Reduzierung der Arbeitszeit und somit des Einkommens führt im Nettovergleich zwischen niedrigerem Einkommen und höherer Rente zu keiner Kompensation. Kürzungen der Witwen-, Witwer- oder Erziehungsrente beginnen bei einem Einkommen von zirka 1.900 DM brutto monatlich.

Beträgt das eigene Einkommen mehr als ca. 7.500 DM bis 8.000 DM monatlich brutto, so ruht in der Regel je nach Höhe der ungekürzten Witwen-, Witwer- oder Erziehungsrente diese in voller Höhe. Diese Aussage bezieht sich auf die große Witwen- oder Witwerrente. Wird lediglich eine kleine Witwen- oder Witwerrente gewährt (siehe Abschnitt „Renten wegen Todes", Seite 12 f.), so ruht die Hinterbliebenenrente bereits bei einem Einkommen von ca. 3.000 DM bis 3.500 DM monatlich.

TIP ▻ *Eine individuelle Prüfung ist – nicht erst bei Eintritt eines Todesfalles – dringend geboten, da durch den Wegfall eines Einkommens bei Eintritt des Todes eines Ehepartners die meisten Kosten, wie zum Beispiel Miete oder Hypothekenraten, in unveränderter Höhe gezahlt werden müssen. Treffen Sie deshalb bei entsprechenden Lebensanschaffungen Vorkehrungen, zum Beispiel durch den Abschluß einer Risikolebensversicherung, um bei Eintritt des Todes des Ehepartners zur Abdeckung der laufenden Kosten das geringere Einkommen aufstocken zu können.* ◂

Kranken- und Pflegeversicherung als Rentner

Ständige Veränderungen im Bereich der Krankenversicherung, sowohl bei den Leistungen als auch bei den Beitragsbelastungen, lassen dieser Thematik eine besondere Bedeutung zukommen. Die mit dem Gesundheitsstrukturgesetz ab 1.1.1993 verbundenen Einschnitte, insbesondere die Krankenversicherung der Rentner (KVdR) betreffend, machen deutlich, daß Rentner mehr denn je zur Kasse gebeten werden.

Eigenbeteiligung

Ab 1.1.1983 wurde erstmals die Eigenbeteiligung der Rentner am Beitragsaufkommen eingeführt. Im Bereich der gesetzlichen Krankenversicherung mußten die Rentner den halben Beitrag zur KVdR entrichten. Mit Wirkung ab 1.1.1993 wurden die Voraussetzungen für die Pflichtmitgliedschaft in der KVdR verschärft. Seit diesem Zeitpunkt können nur noch die Rentner in der KVdR pflichtversichert werden, die eine bestimmte Vorversicherungszeit erfüllen.

Vorversicherungszeit

Die Vorversicherungszeit ist gegeben, wenn der Rentner seit der Aufnahme der Erwerbstätigkeit bis zur Rentenantragsstellung mindestens neun Zehntel der zweiten Hälfte dieses Zeitraumes in einer gesetzlichen Krankenkasse pflichtversichert war. Das bedeutet, daß in dieser Zeit ein Einkommen bezogen wurde, das unterhalb der jeweiligen Beitragsbemessungsgrenze der Krankenversicherung (derzeit 6.000 DM monatlich in West- bzw. 5.100 DM monatlich in Ostdeutschland) lag. Dabei zählen Zeiten einer Familienversicherung (beispielsweise als Ehefrau, die über kein eigenes Einkommen verfügte) wie eigene Mitgliedszeiten, sofern der Stammversicherte (zum Beispiel der Ehemann) in der gesetzlichen Krankenkasse pflichtversichert war. Dies ist insbesondere bei einer Witwen(r)rente von Bedeutung. Die Vorversicherungszeit ist auch dann erfüllt, wenn der verstorbene Versicherte bereits Pflichtmitglied in der KVdR war.

Bei Rentnern in den neuen Bundesländern gelten die Zeiten einer Mitgliedschaft in der Sozialversicherung, freiwilligen Krankheitskostenversicherung der ehemaligen staatlichen Versicherung der DDR oder in einem Sonderversorgungssystem bis zum 31.12.1990 wie Pflichtversicherungszeiten in den alten Bundesländern. **Ehemalige Versicherung der DDR**

Ob die Vorversicherungszeit erfüllt ist, wird von der Krankenkasse im Rahmen des Rentenantragverfahrens überprüft. Sie teilt dem Rentenversicherungsträger mit, ob die Voraussetzungen für die Pflichtmitgliedschaft erfüllt sind.

Nicht nur die Renten aus der Sozialversicherung, sondern auch Leistungen aus der betrieblichen Altersversorgung sowie Renten aus der Zusatzversorgung des öffentlichen Dienstes werden als Bemessungsgrundlage für die Krankenversicherungsbeiträge herangezogen. In der KVdR Pflichtversicherte zahlen die Hälfte des Beitrags (ab 1.7.1996 = 6,7 Prozent in West- bzw. 6,65 Prozent in Ostdeutschland) auf den Gesamtbetrag der Renteneinkünfte, begrenzt auf die Beitragsbemessungsgrenze (6.000 DM monatlich in den alten bzw. 5.100 DM monatlich in den neuen Bundesländern; Stand 1996). Ab dem 1.1.1997 soll der Beitragssatz auf 13 Prozent gesenkt werden, der Versicherte muß davon entsprechend 6,5 Prozent übernehmen. **Beitragshöhe**

Der Rentenversicherungsträger behält vom Rentenbetrag den Eigenanteil des Rentners zur Krankenversicherung ein und führt diesen der Krankenversicherung zu.

Besteht bereits nach anderen gesetzlichen Vorschriften eine Pflichtversicherung, beispielsweise weil noch eine krankenversicherungspflichtige oder selbständige Tätigkeit ausgeübt wird, Leistungen nach dem Arbeitsförderungsgesetz bezogen oder Maßnahmen zur Rehabilitation durchgeführt werden, wird die Pflichtmitgliedschaft in der KVdR nicht wirksam. In Fällen der Krankenversicherungsfreiheit besteht keine Mitgliedschaft in der KVdR.

Freiwillige Mitgliedschaft

Vielfach sind die Voraussetzungen zur Pflichtmitgliedschaft in der KVdR insbesondere deshalb nicht erfüllt, weil die zuvor genannte Vorversicherungszeit durch eine langjährige freiwillige Mitgliedschaft (bei Einkünften oberhalb der Beitragsbemessungsgrenze) während der Beschäftigungszeit vor Rentenantragsstellung nicht erfüllt ist. Diese Personen haben die Möglichkeit, innerhalb von drei Monaten die Fortführung der Mitgliedschaft im Rahmen der freiwilligen Versicherung zu beantragen. Freiwillig Versicherte tragen grundsätzlich den vollen Beitrag zur Krankenversicherung (ab 1.7.1996 13,4 Prozent in West- bzw. 13,3 Prozent in Ostdeutschland) und führen diesen direkt an die jeweilige Krankenkasse ab.

Der Rentenversicherungsträger gewährt jedoch einen Zuschuß in Höhe des halben Beitrages, der mit der Rente ausgezahlt wird. Der Unterschied zwischen freiwilliger Mitgliedschaft und Pflichtmitgliedschaft besteht zum einen darin, daß die freiwillig Versicherten auf die sonstigen beitragspflichtigen Einnahmen den vollen Beitrag – ohne Gewährung eines Zuschusses – zahlen müssen. Dabei zählen auch unter anderem Kapitaleinkünfte sowie Einkünfte aus Vermietung und Verpachtung zu den beitragspflichtigen Einnahmen, sofern die Beitragsbemessungsgrenze durch die Rentenbezüge noch nicht erreicht ist.

Kranken- und Pflegeversicherung als Rentner

Privatversicherte können auf Antrag einen Zuschuß zu ihrem Krankenversicherungsbeitrag vom Rentenversicherungsträger erhalten. Dieser Zuschuß beträgt ebenfalls derzeit 6,7 Prozent in den alten bzw. 6,65 Prozent der Sozialversicherungsrente in den neuen Bundesländern, jedoch begrenzt auf die Hälfte des tatsächlichen Beitrages.

Zuschuß auf Antrag

Neben den Beiträgen zur Krankenversicherung sind ab dem 1.1.1995 auch Beiträge zur gesetzlichen Pflegeversicherung zu entrichten. Der Beitragssatz beläuft sich hierbei ab 1.7.1996 auf 1,7 Prozent der beitragspflichtigen Einnahmen. Die Hälfte hiervon ist von den Rentnern, die in der sozialen Pflegeversicherung pflichtversichert sind, als Eigenanteil zu tragen. Eine Pflichtmitgliedschaft liegt vor, wenn eine Pflicht- oder freiwillige Mitgliedschaft in einer gesetzlichen Krankenkasse besteht. Der Eigenanteil wird von der Rente einbehalten und der Pflegeversicherung zugeführt.

Personen, für die in der gesetzlichen Krankenkasse eine freiwillige Mitgliedschaft besteht, können sich binnen drei Monaten von der sozialen Pflegeversicherung zugunsten einer privaten Pflegeversicherung befreien lassen.

Befreiung binnen 3 Monate

Liegt eine private Pflegeversicherung vor, gewährt der Rentenversicherungsträger auf Antrag auch hier einen Zuschuß in Höhe des halben Beitragssatzes (1996: 0,85 Prozent), aber auch hier begrenzt auf die Hälfte des tatsächlichen Aufwandes. Der Zuschuß reduziert sich um die Hälfte bei Personen, die nach beamtenrechtlichen Bestimmungen oder Grundsätzen einen Anspruch auf Beihilfe haben.

TIP ▶ *Zur Vermeidung von Nachteilen, z.B. durch das Versäumen einer Frist, wird angeraten, sich rechtzeitig vor Rentenantragstellung sachkundigen Rat einzuholen.* ◀

Rente und Steuern

Renten sind steuerpflichtig

Sehr verbreitet ist die Meinung, daß Renten nicht steuerpflichtig seien. Daß dem keineswegs so ist, ergibt sich aus den entsprechenden Steuergesetzen. Zwar wurde mit dem Jahressteuergesetz 1996 der sogenannte Grundfreibetrag erhöht und wird bis zum Jahre 1999 weiter ansteigen, wodurch in vielen Fällen Steuerentlastungen eintreten. Dennoch stellen die Renten steuerpflichtiges Einkommen dar und sind entsprechend zu versteuern.

Handelt es sich jedoch um Renten aus der gesetzlichen Rentenversicherung, so führen diese – sofern keine sonstigen Einkünfte erzielt werden – in dem meisten Fällen zu keiner Steuerbelastung.

Renten aus der gesetzlichen Rentenversicherung stellen Einkünfte aus Kapitalvermögen dar und sind im Rahmen der jährlichen Einkommensteuererklärung entsprechend anzugeben. Bei diesen Kapitaleinkünften

Ertragsanteil

zählt nur der sogenannte Ertragsanteil der Renten zum steuerpflichtigen Einkommen. Der Ertragsanteil ist ein altersabhängiger Prozentsatz, der zudem noch je nach Rentenart (Berufsunfähigkeitsrente, Altersrente, Witwen(r)rente) unterschiedlich ist.

In der nachstehenden Tabelle wird ein Auszug der Ertragsanteilstabelle (Stand 1996) – bezogen auf die entsprechende Rentenart – dargestellt:

Rente und Steuern

Alters- und Witwen(r)rente		Berufs-, Erwerbsunfähigkeits- und Waisenrente	
voll. Lebensalter bei Rentenbeginn	Ertragsanteil in %	Laufzeit der Rente auf ... Jahre	Ertragsanteil in %
55	38	1	0
56	37	2	2
57	36	3	4
58	35	4	7
59	34	5	9
60	32	6	11
61	31	7	13
62	30	8	15
63	29	9	17
64	28	10	19
65	27	11	21
66	26	12	23
67	25	13	25
68	23	14	26
69	22	15	28
70	21	16	29

Die Tabelle zeigt, daß der Ertragsanteil mit zunehmendem Rentenbeginn bzw. kürzerer Beschränkung der Laufzeit einer Rente immer geringer wird.

Beispiel
Bei einem 65jährigen Altersrentner beträgt der Ertragsanteil laut Tabelle 27 Prozent. Hat dieser Rentner eine Altersrente in Höhe von 2.600 DM monatlich bzw. 31.200 DM jährlich, so sind 27 Prozent hiervon, das sind 702 DM monatlich bzw.

8.424 DM jährlich, steuerpflichtig. Bei einem 55jährigen Berufsunfähigkeitsrentner, dessen spätere Altersrente mit Vollendung des 65. Lebensjahres einsetzt, beträgt der Ertragsanteil gemäß der Tabelle 19 Prozent der Berufsunfähigkeitsrente, da diese auf eine Laufzeit von 10 Jahren (bis zur Vollendung des 65. Lebensjahres) beschänkt wird. Der Ertragsanteil einer 50jährigen Witwe beträgt dagegen 43 Prozent.

Nicht nur die Renten aus der gesetzlichen Rentenversicherung sind mit dem Ertragsanteil zu versteuern. Auch Renten aus einer privaten Renten- oder Lebensversicherung gehören zu den Einkünften aus Kapitalvermögen und unterliegen somit der Versteuerung mit dem Ertragsanteil.

Uneingeschränkt steuerpflichtig sind dagegen in der Regel Versorgungsbezüge aus einer betrieblichen Altersversorgung. Wurde eine sogenannte Direktversicherung (siehe Kapitel „Betriebliche Altersversorgung", Seite 104 ff.) abgeschlossen, bei der der Arbeitnehmer oder der Arbeitgeber die sogenannte Pauschalsteuer getragen hat, dann wird eine daraus resultierende Rente – analog der Renten aus der gesetzlichen Rentenversicherung und einer privaten Renten- oder Lebensversicherung – ebenfalls lediglich mit dem Ertragsanteil versteuert.

Freibeträge

Sowohl beim Bezug einer Rente als auch bei Versorgungsbezügen sind unterschiedliche, nicht antragspflichtige Freibeträge zu berücksichtigen.

TIP ▶ *Ob und inwieweit die Renten aus der gesetzlichen Rentenversicherung zu einer Steuerbelastung führen, hängt entscheidend davon ab, ob noch weitere steuerpflichtige Einkünfte (zum Beispiel Versorgungsbezüge) vorhanden sind. In Zweifelsfragen empfiehlt es sich, einen Steuerberater zu Rate zu ziehen.* ◀

Versorgungsausgleich bei Ehescheidung

Bei dem Versorgungsausgleich bei Ehescheidung handelt es sich um ein wenig beachtetes Rententhema. Sollte jedoch eine Ehe zu irgendeinem Zeitpunkt geschieden werden, hat der Versorgungsausgleich in vielen Fällen existentielle Bedeutung. Prinzipiell handelt es sich bei dem Versorgungsausgleich um eine Art Unterhaltsleistung, die jedoch in der Regel nicht von einem Ehepartner dem anderen direkt übertragen wird, sondern über einen externen Versorgungsträger realisiert wird. Konkret bedeutet dies, daß im Falle der Ehescheidung die Rentenanwartschaften beider Ehepartner, die diese während der Ehezeit erworben haben, festgestellt und so aufgeteilt werden, daß beide Ehepartner während der Ehezeit die gleichen Rentenanwartschaften besitzen.

Externe Unterhaltsleistung

Beispiel

Ehezeit : vom 1.7.1975 (Monat der Heirat) bis 31.5.1995 (Monat des Scheidungsantrages)

Rentenansprüche: Der Ehemann hat in dieser Zeit gegenüber der gesetzlichen Rentenversicherung eine Rentenanwartschaft von 1.220 DM monatlich, die Ehefrau eine von 460 DM monatlich erworben.

Der Versorgungsausgleich wird wie folgt durchgeführt:

	Ehemann DM mtl.	Ehefrau DM mtl.
Renten aus der gesetzlichen Rentenversicherung: Die Anwartschaft des Ehemannes übersteigt die der Ehefrau um 760 DM mtl., die Hälfte hiervon ist der Ehefrau zu übertragen	1.220 - 380	460 + 380
Somit hat jeder Ehepartner	840	840

Wie auch bei der Frage der Unterhaltsgestaltung liegt die materielle Problematik darin, daß in vielen Fällen aus einer Einkommensquelle durch die Ehescheidung bzw. die damit verbundene Teilung der Einkünfte zwei Partner finanziert werden müssen.

Geteilte Rentenanwartschaften

Dies ist beispielsweise dann der Fall, wenn der eine Ehepartner während der Ehezeit Rentenanwartschaften über die gesetzliche Rentenversicherung oder andere Versorgungssysteme – zum Beispiel betriebliche Altersversorgung – aufgebaut hat, während der andere Partner in der Ehe keine Rentenanwartschaften erwarb. Dann wird die Rentenanwartschaft des einen Ehepartners letztlich halbiert. Bei einer relativ langen Ehedauer kann so der Fall eintreten, daß beide Ehepartner von einer Rente leben müssen.

Die Regel dürfte jedoch die sein, daß beide Ehepartner während der Ehezeit Rentenanwartschaften erworben haben, die natürlich aufgrund der individuellen Situation unterschiedlich hoch sein werden, insbesondere dann, wenn beispielsweise die Ehefrau nach einigen Jahren aus dem Berufsleben ausscheidet, um sich der Familie zu widmen.

Welche Auswirkungen hier eine Scheidung auf die Höhe der späteren Rente haben kann, soll folgendes Beispiel zeigen:

Beispiel

Bis zum Beginn der Ehe hatte die Ehefrau aufgrund ihrer Berufstätigkeit Rentenanwartschaften bei der gesetzlichen Rentenversicherung in Höhe von 660 DM monatlich erworben. Der Ehemann hatte bis zum Ehebeginn gegenüber der gesetzlichen Rentenversicherung Anwartschaften in Höhe von 920 DM monatlich erworben.

Nach 25 Ehejahren wird die Ehe geschieden. Während der Ehezeit hatte die Ehefrau weitergehende Rentenanwartschaften gegenüber der gesetzlichen Rentenversicherung in Höhe von 140 DM monatlich erworben, der Ehemann dagegen 1.160 DM monatlich. Zusätzlich erwarb der Ehemann eine Rentenanwartschaft aus der betrieblichen Altersversorgung aufgrund eines vor Beginn der Ehe eingegangenen Arbeitsverhältnisses, die mit Vollendung des 65. Lebensjahres 800 DM monatlich betragen wird. Auf die 25jährige Ehezeit entfällt ein Anteil von 420 DM monatlich.

Für die Durchführung des Versorgungsausgleiches ergibt sich die Situation, daß nun die während der Ehezeit erworbenen Rentenanwartschaften wie folgt gegenübergestellt und aufgeteilt werden:

Rentenanwartschaften während der Ehezeit

	Ehemann DM mtl.	Ehefrau DM mtl.
Gesetzliche Rentenversicherung	1.160	140
Betriebliche Altersversorgung	420	0
Gesamt	1.580	140

Die während der Ehezeit erworbenen Rentenanwartschaften des Ehemannes in Höhe von 1.580 DM monatlich übersteigen die der Ehefrau in Höhe von 140 DM monatlich um 1.440 DM monatlich. Die Hälfte hiervon, das sind 720 DM monatlich, würden der Ehefrau übertragen. Damit ergäbe sich, bezogen auf das Ende der Ehezeit, folgender Stand:

	Ehemann DM mtl.	Ehefrau DM mtl.
Gesamtrente während der Ehezeit	1.580	140
Versorgungsausgleich	+ 720	- 720
Gesamtrente	860	860

Damit hätten beide Ehepartner während der Ehezeit die gleichen Rentenanwartschaften in Höhe von 860 DM monatlich.

Rentenrisiko für Frauen

Dies ist sicher auf den ersten Blick eine gerechte Lösung, die jedoch auf folgende, häufig auftretende Situation nicht eingeht: Viele Frauen werden nach einer Scheidung, insbesondere dann, wenn sie sich bei Scheidung schon in fortgeschrittenem Alter befinden, nicht mehr berufstätig, weil sie in der Regel keine Arbeit mehr finden. Der Ehemann hingegen ist nach wie vor beschäftigt und baut sich weitergehende Rentenanwartschaften auf. Bis zum Rentenbeginn erhalten diese Ehefrauen Unterhalt von ihrem geschiedenen Ehemann. Danach setzt der Versorgungsausgleich ein. Auf unser Beispiel bezogen, hätte die Ehefrau dann lediglich einen Rentenanspruch von 860 DM monatlich. Der Ehemann hätte einen wesentlich höheren Anspruch, weil er nach der Scheidung weitere Rentenanwartschaften aufgrund seiner Berufstätigkeit aufbauen konnte.

Losgelöst von auch nach Rentenbeginn relevanten unterhaltsrechtlichen Aspekten macht das obige Beispiel deutlich, mit welchen Rentenrisiken gerade Frauen leben müssen, die im Interesse der Familie Beruf und Karriere aufgegeben haben.

Ehevertrag

In vielen Fällen werden zu Beginn der Ehe Eheverträge geschlossen. In diesen Eheverträgen werden beispielsweise die Vermögensverhältnisse so geregelt, daß im Falle einer späteren Scheidung der eine Ehepartner an dem in die Ehe eingebrachten Vermögen des anderen Ehepartners nicht partizipiert.

Im Rahmen eines solchen Ehevertrages kann auch der Versorgungsausgleich bei Ehescheidung geregelt werden. Diese Regelung ist allerdings nur dann wirksam, wenn der Scheidungsantrag nicht innerhalb eines Jahres nach Abschluß des Ehevertrages gestellt wird. Im Rahmen eines solchen Ehevertrages kann der Versorgungsausgleich in jeder beliebigen Form geregelt werden. Die Durchführung des Versorgungsausgleiches kann mittels eines Ehevertrages sogar ausgeschlossen werden. Ein Ausschluß des Versorgungsausgleiches wird relativ häufig im Rahmen eines Ehevertrages vereinbart. In einem solchen Fall sollten Sie jedoch unbedingt darauf bestehen, daß für Sie statt des Versorgungsausgleiches anderweitige Rentenansprüche aufgebaut werden.

Versorgungsausgleich frei regelbar

Grundsätzlich ist der Aufbau anderweitiger Rentenansprüche auch für den Fall sinnvoll, daß kein Ausschluß des Versorgungsausgleiches oder eine andere Regelung als die gesetzliche Form im Rahmen eines Ehevertrages vereinbart wird. Wie das zuvor aufgeführte Beispiel zeigt, führt die Durchführung des Versorgungsausgleiches in vielen Fällen dazu, daß nach einer Ehescheidung die vorhandenen Rentenansprüche nicht ausreichen, um im Rentenfall einigermaßen vernünftig leben zu können. Selbstverständlich gibt es gegebenenfalls auch nach Eintritt des Rentenfalles eine Unterhaltsverpflichtung, zum Beispiel des früheren Ehemannes gegenüber seiner früheren Ehefrau. Diese Unterhaltsverpflichtung endet jedoch dann, wenn der frühere Ehemann verstirbt.

Folgende Renten sind in den Versorgungsausgleich einzubeziehen:

Einzubeziehende Renten

- Renten aus der gesetzlichen Rentenversicherung, der betrieblichen Altersversorgung, Beamtenpensionen
- Renten- oder Rentenanwartschaften aus berufsständischen Versorgungswerken (zum Beispiel Ärzteversorgung, Rechtsanwaltsversorgung und ähnliches)
- Renten- oder Rentenanwartschaften aus der Zusatzversorgung des öffentlichen Dienstes
- Renten aus privaten Rentenversicherungen.

Nicht in den Versorgungsausgleich einbezogen werden Leistungen aus Kapitallebensversicherungen. Diese unterliegen dem Zugewinnausgleich.

TIP ▸ *Bereits im Scheidungsverfahren bzw. bei der Durchführung des Versorgungsausgleiches sollten Sie darauf achten, daß alle Rentenanwartschaften einbezogen sind. Wichtig ist in diesem Zusammenhang, daß Sie unter bestimmten Voraussetzungen die Möglichkeit haben, einen sogenannten Abänderungsantrag zu stellen. Dies gilt insbesondere dann, wenn nach der Ehescheidung und Durchführung des Versorgungsausgleiches Veränderungen eingetreten sind, die sich noch nachträglich auf den Versorgungsausgleich auswirken. Dies ist häufig der Fall, wenn Leistungen aus einer betrieblichen Altersversorgung gewährt werden. Insofern sollten Sie in regelmäßigen Abständen bei Ihrem Anwalt nachfragen, ob ein Abänderungsantrag erforderlich ist und zum derzeitigen Zeitpunkt gestellt werden kann. Gegebenenfalls kann Ihnen auch der Rechtspfleger des Familiengerichtes helfen.* ◂

Es wurde bereits auf die Möglichkeiten des Ausschlusses des Versorgungsausgleiches im Rahmen eines Ehevertrages hingewiesen und ausgeführt, daß eine solche Regelung nur wirksam ist, wenn nicht innerhalb eines Jahres nach einem Ehevertrag der Scheidungsantrag gestellt wird. Eine weitere Möglichkeit, eine Regelung bezüglich des Versorgungsausgleiches zu treffen, ergibt sich aus der sogenannten Vereinbarung über den Versorgungsausgleich. Noch im Laufe des Scheidungsverfahrens können die Ehepartner eine Vereinbarung über die Durchführung des Versorgungsausgleiches treffen. Im Gegensatz zum Ehevertrag muß hier das Familiengericht einer solchen Vereinbarung zustimmen. Mit dieser Zustimmung soll gewährleistet werden, daß keine Regelungen getroffen werden, bei dem ein Ehepartner gravierende Nachteile erleidet. Dennoch ist es unbedingt ratsam, sich sachkundigen Rat bei Anwälten und Rentenexperten einzuholen, und zwar auch zur Klärung der Frage, welche Leistungen anstelle der Rentenleistungen, die in den Versorgungsausgleich einzubeziehen wären, aufgebaut werden können.

Vereinbarung über Versorgungsausgleich

Betriebliche Altersversorgung

Formen der Betriebsrente

Grundsätzlich handelt es sich bei der betrieblichen Altersversorgung um eine Leistung, die die Firma, bei der Sie beschäftigt sind, Ihnen im Rentenfall gewährt. Dabei sind verschiedene Formen der betrieblichen Altersversorgung denkbar. Die wesentlichsten sind
- die Direktzusage
- die Direktversicherung.

Direktzusage

Hierbei handelt es sich um die Form der betrieblichen Altersversorgung, die wohl am weitesten verbreitet ist. Bei der Direktzusage sagt der Arbeitgeber dem Arbeitnehmer bestimmte Rentenleistungen zu; er erteilt eine sogenannte Versorgungszusage. Diese Versorgungszusage kann enthalten

Versorgungszusage

- Invaliditätsleistungen
- Rentenleistungen an Hinterbliebene
- Rentenleistungen ab Erreichen einer bestimmten Altersgrenze.

Damit diese Versorgungszusage rechtsverbindlich ist, muß sie in in jedem Fall schriftlich erteilt werden. Nur dann können Sie gegebenenfalls den Rentenanspruch einklagen.

In der Regel sagt der Arbeitgeber Leistungen zu, die erst nach einer sogenannten Wartezeit, also einer bestimmten Anzahl von Dienstjahren, wirksam werden. Sowohl die Festlegung der Wartezeit als auch der Umfang und die Höhe der Versorgungsleistungen liegt grundsätzlich im Ermessen des Arbeitgebers.

Mit der Erteilung einer Versorgungszusage ist der Arbeitgeber an die diesbezüglichen gesetzlichen Regelungen gebunden. Die für den Arbeitnehmer relevanten Bestimmungen sind in dem Gesetz zur Verbesserung der betrieblichen Altersversorgung (BetrAVG) geregelt. Eine der wichtigsten Bestimmungen hierbei ist die sogenannte Unverfallbarkeitsregelung. Danach können zugesagte Leistungen der betrieblichen Altersversogung nicht mehr zurückgenommen werden, auch wenn das Arbeitsverhältnis vor Eintritt eines Rentenfalles beendet wird. Dies gilt jedoch nur, wenn bestimmte Fristen, die sogenannten Unverfallbarkeitsfristen, erfüllt sind.

Unverfallbarkeitsregelung

Eine zugesagte Rente aus der betrieblichen Altersversorgung ist dann unverfallbar, wenn der Arbeitnehmer
- das 35. Lebensjahr vollendet hat und
- die Versorgungszusage mindestens zehn Jahre vor dem Ausscheiden erteilt worden ist.

Die Unverfallbarkeit der zugesagten Rentenleistungen ist auch dann gegeben, wenn das Arbeitsverhältnis beendet wird, nachdem der Arbeitnehmer
- das 35. Lebensjahr vollendet hat und
- die Versorgungszusage zum Zeitpunkt des Ausscheidens mindestens drei Jahre bestand und
- eine mindestens zwölfjährige ununterbrochene Betriebszugehörigkeit vorlag.

Vielen Arbeitnehmern ist die vorgenannte Unverfallbarkeitsregelung nicht bekannt. Zwar ist der Arbeitgeber verpflichtet, einem Arbeitnehmer nach dessen Ausscheiden aus dem Unternehmen die Höhe des unverfallbaren Anspruches mitzuteilen, in kleineren Betrieben unterbleibt diese Mitteilung jedoch häufig. Der ausgeschiedene Arbeitnehmer ist dann in dem Glauben, er habe aufgrund seines Ausscheidens aus dem Unternehmen die Rentenanwartschaften verloren.

TIP ▸ *Sofern Sie in einem Unternehmen arbeiten, von dem Ihnen eine Versorgungszusage erteilt wurde, lassen Sie sich in regelmäßigen Abständen mitteilen, welche Höhe die Ihnen zugesagten Leistungen zum jeweiligen Zeitpunkt und für den jeweiligen Rentenfall erreicht haben. Sind Sie zwischenzeitlich nach Erfüllung der vorgenannten Unverfallbarkeitsfristen aus einem Arbeitsverhältnis mit Anspruch auf Leistungen aus der betrieblichen Altersversorgung ausgeschieden und haben Sie von Ihrem früheren Arbeitgeber keine Mitteilung über die Höhe des sogenannten unverfallbaren Rentenanspruches erhalten, so fordern Sie diese umgehend an.* ◂

Teilanspruch bei vorzeitigem Ausscheiden

Als unverfallbarer Rentenanspruch wird jedoch nicht die zugesagte Rentenleistung aufrechterhalten, sondern lediglich der Teilanspruch, der sich bis zum Ausscheiden aus dem Arbeitsverhältnis ergeben hat.

Beispiel

Ein Arbeitgeber erteilt einem Arbeitnehmer bei dessen Dienstantritt eine Zusage auf Alters- und Invalidenrente in Höhe von 600 DM monatlich. Bei Diensteintritt war der Arbeitnehmer 29 Jahre alt. Der Beginn der Altersrente war in der Versorgungszusage auf das 65. Lebensjahr festgesetzt worden. Somit wären vom 29. bis zum 65. Lebensjahr insgesamt 36 Dienstjahre möglich.

Mit Vollendung des 41. Lebensjahres scheidet der Arbeitnehmer aus dem Arbeitsverhältnis aus. Damit sind die Unver-

fallbarkeitsfristen erfüllt. Von 36 möglichen Dienstjahren sind jedoch lediglich 12 Dienstjahre bis zum Zeitpunkt des Ausscheidens erreicht. Dies entspricht einem Drittel der möglichen Dienstzeit, so daß der unverfallbare Rentenanspruch auch nur in Höhe von einem Drittel, das wären in unserem Beispiel 200 DM monatlich, aufrechterhalten bleibt.

Sofern ein Unternehmen, bei dem Ihnen Leistungen aus der betrieblichen Altersversorgung zugesagt worden sind, in Konkurs geht oder gegangen ist, sieht das Gesetz folgendes vor:
Der Arbeitgeber muß mit Erteilung der Versorgungszusage die zugesagten Leistungen aus der betrieblichen Altersversorgung beim Pensions-Sicherungs-Verein in Köln aufgrund gesetzlicher Verpflichtung absichern. Geht die Firma in Konkurs, wird der Konkursverwalter den Pensions-Sicherung-Verein vom Konkurs des Unternehmens in Kenntnis setzen und diesem alle leistungsberechtigten Personen nennen. Der Pensions-Sicherungs-Verein steigt dann in die Leistungsverpflichtung des in Konkurs gegangenen Unternehmens ein.

Betriebsrente auch bei Konkurs

Direktversicherung

Bei einer betrieblichen Altersversorgung in Form einer Direktversicherung handelt es sich in der Regel um eine reine Lebensversicherung, die deswegen sehr häufig von den Unternehmen herangezogen wird, weil sie bei den Unternehmen zu keinem nennenswerten Verwaltungsaufwand führt, ferner die langfristige Verpflichtung des Unternehmens kalkulierbar ist. Dies ergibt sich unter anderem aus der Begrenzung des Jahresbeitrages zu dieser Lebensversicherung.

Reine Lebensversicherung

BETRIEBLICHE ALTERSVERSORGUNG

Steuerersparnis

Für Arbeitnehmer ergibt sich ein Vorteil daraus, daß die Beiträge zu der Direktversicherung, die üblicherweise als Lohn mit dem individuellen Steuersatz zu versteuern wären, nur mit einem pauschalen Steuersatz steuerpflichtig sind. Insoweit finanziert sich die Direktversicherung zu einem bestimmten Teil aus einer Steuerersparnis.

Die Direktversicherung als Form der betrieblichen Altersversorgung kann entweder als reine Arbeitgeberleistung oder aber im Wege des Gehaltsverzichts bzw. der Gehaltsumwandlung auch als Arbeitnehmerleistung gestaltet werden.

Handelt es sich um eine reine Arbeitgeberleistung, dann gewährt der Arbeitgeber zusätzlich zum Gehalt einen bestimmten Betrag, der jedoch dem Arbeitnehmer nicht zur Verfügung gestellt, sondern direkt der Versicherungsgesellschaft überwiesen wird, bei der die Direktversicherung abgeschlossen wurde.

Im Falle der Direktversicherung als Arbeitnehmerleistung verzichtet dieser auf einen Teil des Gehaltes. Dieser Gehaltsteil wird vom Arbeitgeber an die Versicherungsgesellschaft überwiesen.

Beitragsbegrenzung

In beiden Fällen gilt, daß der Beitrag zur Direktversicherung auf 3.408 DM jährlich begrenzt und dieser Beitrag nur pauschal mit einem Steuersatz von 20 Prozent (zuzüglich gegebenenfalls pauschaler Kirchensteuer und Solidaritätszuschlag) zu versteuern ist. Die Pauschalsteuer muß vom Arbeitgeber dem Finanzamt überwiesen werden.

Auch für die Direktversicherung gilt, daß die entsprechende Versorgungszusage schriftlich erteilt werden muß. In der Regel wird die formulierte Versorgungszusage von der Versicherungsgesellschaft zur Verfügung gestellt, bei der die Direktversicherung abgeschlossen wird.

Hinsichtlich der Unverfallbarkeit gelten dieselben Kriterien, die bereits bei der Direktzusage vorgestellt wurden. Handelt es sich bei der Direktversicherung jedoch um eine vom Arbeitnehmer mittels Gehaltsverzicht finanzierte Versorgung, dann steht ihm die Leistung im Falle der Beendigung des Arbeitsverhältnisses auch dann zu, wenn die entsprechenden Unverfallbarkeitsfristen nicht erfüllt sind.

Die Direktversicherung wird als betriebliche Altersversorgung jedoch nur dann anerkannt, wenn sie mindestens auf die Vollendung des 60. Lebensjahres abgestellt ist. Die Leistungen aus der Direktversicherung dürfen weder abgetreten noch verpfändet werden. Außerdem muß eine Kündigung vor Vertragsablauf seitens des Arbeitnehmers ausgeschlossen sein.

Kündigung ausgeschlossen

Wie bei jeder anderen Lebensversicherung auch kann hinsichtlich des Leistungsumfanges der Direktversicherung variiert werden. Es kann das Berufsunfähigkeitsrisiko eingeschlossen werden, das heißt, daß im Falle einer Berufsunfähigkeit eine entsprechende Rente gewährt wird. Es besteht auch die Möglichkeit, die Direktversicherung als reine Altersrentenversicherung abzuschließen.

Damit Sie einen Überblick erhalten, welche Leistungen mit einer Direktversicherung erreicht werden können, wurde die Tabelle auf der nächsten Seite erstellt. Dabei wurde von verschiedenen Eintrittsaltern ausgegangen, ferner wurden Beitragsbefreiung bei Berufsunfähigkeit und eine Berufsunfähigkeitsrente von zehn Prozent der Versicherungssumme mitversichert. Bei den Beispielen der Tabelle handelt es sich um männliche Versicherte. Die Versicherung soll bis zur Vollendung des 65. Lebensjahres laufen. Die Leistungen für Frauen liegen bei den reinen Versicherungssummen etwas über den nachstehenden Werten.

Leistungen der Direktversicherung

BETRIEBLICHE ALTERSVERSORGUNG

Eintritts-alter	Monats-beitrag DM	Versiche-rungs-summe DM	mitver-sicherte Berufsun-fähigkeits-rente jährl. DM
24	284	176.271	17.627
27	284	155.514	15.551
30	284	136.338	13.634
33	284	118.688	11.869
36	284	102.495	10.250
39	284	87.718	8.772
42	284	74.153	7.415
45	284	61.801	6.180
48	284	50.554	5.055

Höchstbetrag: 284 DM

Wie sich der Tabelle entnehmen läßt, kann mit einem Bruttomonatsbeitrag von 284 DM eine Versicherungsleistung erreicht werden, die mehr als nur eine Ergänzung zur gesetzlichen Rentenversicherung ist. Dies gilt insbesondere dann, wenn die Direktversicherung in jungen Jahren abgeschlossen wird.

Bei den obigen Beispielen wurde ein Bruttomonatsbetrag von 284 DM zugrunde gelegt. Dies ist der zulässige Höchstbetrag. Eine Verpflichtung, die Direktversicherung nur mit diesem Betrag abzuschließen, gibt es nicht. Demzufolge kann, den individuellen Bedürfnissen entsprechend, auch ein geringerer Monatsbeitrag investiert werden, wenn die Direktversicherung im Wege der Gehaltsumwandlung bzw. des Gehaltsverzichts abgeschlossen wird. Die ausgewiesenen Bruttobeiträge reduzieren sich im Ergebnis noch durch die eintretende Steuerersparnis. Diese ist im Einzelfall abhängig von

Direktversicherung

der Steuerklasse, dem Bruttoeinkommen, Kirchenzugehörigkeit und anderem.

Auf Basis verschiedener Einkommen wurde im folgenden die Steuerersparnis ermittelt, die sich ergibt, wenn beim Bruttoeinkommen auf den Beitrag von 284 DM monatlich zugunsten einer Direktversicherung verzichtet wird. Die Berechnungen erfolgten auf Basis der Steuerklassen I und III unter Berücksichtigung der pauschalen Kirchensteuer sowie des derzeitigen Solidaritätszuschlages.

Höhe der Steuerersparnis

Brutto-einkommen monatlich DM	Steuerersparnis monatlich in den Steuerklassen	
	I DM	III DM
2.000	15,08	0,00
3.000	68,85	0,00
4.000	56,75	23,50
5.000	66,84	43,55
6.000	79,55	69,16
7.000	94,28	55,69
8.000	109,11	59,72

Je nach Einkommen und Steuerklasse führt die Pauschalbesteuerung des für die Direktversicherung investierten Gehaltsteils gegenüber einer regulären Besteuerung ohne Direktversicherung zu erheblichen Steuervorteilen.

Im Einzelfall läßt sich die Direktversicherung etwa bis zu einem Drittel allein schon durch die Steuerersparnis finanzieren.

TIP ▶ *Fragen Sie Ihren Arbeitgeber nach der Möglichkeit des Abschlusses einer Direktversicherung. Schließen Sie sich gegebenenfalls mit anderen Kolleginnen und Kollegen zusammen, denn ab etwa zehn Personen gewähren Versicherungsgesellschaften einen Gruppentarif, der zu höheren Leistungen führt. Lassen Sie sich vor Abschluß der Direktversicherung ausführlich beraten, da auch die Direktversicherung an verschiedene arbeits- und steuerrechtliche Vorschriften gebunden ist.* ◀

Ergänzende Maßnahmen (Eigenvorsorge)

Um die Frage nach der Höhe ergänzender Maßnahmen beantworten zu können, ist es zunächst erforderlich festzustellen, wie hoch die individuelle Versorgungslücke ist. Hierunter versteht man die Differenz zwischen dem vor Eintritt des Rentenfalles bezogenen Nettoeinkommen und der Gesamtsumme der Nettorenten. Bezieht man die Versorgungslücke zunächst nur auf die Leistungen aus der gesetzlichen Rentenversicherung, so ergeben sich ganz gravierende Differenzen zwischen dem Nettoeinkommen und der Nettorente.

Im Kapitel „Die Höhe der Rente" ab Seite 44 wurde auf die verschiedenen Faktoren hingewiesen, die zur Ermittlung der Rente aus der gesetzlichen Rentenversicherung von Bedeutung sind. Aufgrund dieser Faktoren wurde nachstehende Tabelle erstellt, die der Bestimmung der Versorgungslücke dient. Aus der Tabelle ist erkennbar, welche Renten aus der gesetzlichen Rentenversicherung zu erwarten sind, wenn für einen bestimmten Zeitraum Beiträge zur gesetzlichen Rentenversicherung entrichtet werden. Die Tabelle geht von folgenden Ausgangswerten aus:
Es wurde unterstellt, daß für einen Zeitraum von 40 Jahren Einkommen bezogen werden, die wertmäßig den in der Tabelle aufgeführten Jahreseinkommen entsprechen. Zur Bestimmung des hieraus sich ergebenden Nettoeinkommens wurde die Steuerklasse III/0 (verheiratet, ohne Kinder) zugrunde gelegt. Als Bezugsgrößen

Bestimmung der Versorgungslücke

ERGÄNZENDE MASSNAHMEN (EIGENVORSORGE)

Versorgungslücken wurden die Werte des Jahres 1996 herangezogen. Es ergeben sich folgende Versorgungslücken:

Bruttoeinkommen DM jährl.	Nettoeinkommen DM jährl.	Altersrente aus der gesetzlichen Rentenversicherung DM jähr.	Versorgungslücke DM jähr.	in %
20.000	15.945	8.767	7.178	45,0
30.000	23.918	13.150	10.768	45,0
40.000	30.290	17.532	12.758	42,1
50.000	35.597	21.915	13.682	38,4
60.000	40.350	26.299	14.051	34,8
70.000	44.595	30.682	13.913	31,2
80.000	49.500	35.066	14.434	29,2
90.000	54.670	39.449	15.221	27,8
100.000	60.290	42.077	18.213	30,2
110.000	65.541	42.077	23.464	35,8
120.000	72.692	42.077	30.615	42,1
130.000	78.760	41.680	36.683	46,6

Die Werte beziehen sich auf die alten Bundesländer. In den neuen Bundesländern ergeben sich etwas ungünstigere Werte, die nach Anpassung der dortigen Einkommen an das Westniveau obigen Werten entsprechen.

In anderen Steuerklassen als der zugrunde gelegten Steuerklassen ergeben sich durch ein geringeres Nettoeinkommen etwas geringere Versorgungslücken.

Die Tabelle zeigt, daß die nach 40 Versicherungsjahren erreichbare Altersrente aus der gesetzlichen Renten-

Lebensversicherung

versicherung zwischen rund 72 und 53 Prozent des Nettoeinkommens, die Versorgungslücke insoweit zwischen rund 28 und 47 Prozent liegt. Dabei darf nicht übersehen werden, daß von den obigen Altersrenten noch Beiträge zur Kranken- und Pflegeversicherung abgeführt werden müssen, so daß die Versorgungslücke entsprechend höher ausfällt.

Welche Möglichkeiten der Eigenvorsorge zum Ausgleich der Versorgungslücke bestehen, soll im folgenden beschrieben werden. Dabei konnten zwangsläufig nur die gängigsten Formen der Eigenvorsorge aufgeführt werden. Welche Maßnahme der Eigenvorsorge Ihren individuellen Verhältnissen entspricht, sollten Sie mit einem Berater Ihres Vertrauens erörtern.

Formen der Eigenvorsorge

Lebensversicherung

Als Eigenvorsorge weit verbreitet ist die Lebensversicherung. Sie verbindet viele Vorteile und kann ganz den individuellen Bedürfnissen angepaßt werden.

Bei der Lebensversicherung handelt es sich grundsätzlich um eine Kapitalversicherung, bei der neben der Absicherung des Todesfallrisikos noch ein Kapitalaufbau erfolgt, so daß bei Vertragsablauf ein Kapitalbetrag zur Auszahlung kommt, sofern nicht bereits vorher die Versicherungsleistung aufgrund des Todesfalles der versicherten Person ausgezahlt wurde.

Kapitalversicherung

Verschiedentlich wird Kritik an der Kapitallebensversicherung geübt. Die Verwaltungskosten seien zu hoch, die Rendite zu gering. Hierzu ist folgendes anzumerken: Gleichgültig, wo Sie Ihr Geld anlegen, keine Institution arbeitet umsonst. Auch bei Banken, Bausparkassen und anderen Einrichtungen fallen Gebühren oder Verwal-

ERGÄNZENDE MASSNAHMEN (EIGENVORSORGE)

Rendite zwischen 6 und 7 Prozent

tungskosten an, die von Ihrer Einlage abgedeckt werden. Hinsichtlich der Rendite kann man sicher geteilter Meinung sein. Dennoch: Im Durchschnitt erwirtschaften Versicherungsgesellschaften zwischen 6 und 7 Prozent Zinsen, was für eine langfristige Anlage wie eine Lebensversicherung, die vielfach eine Laufzeit von mehr als 30 Jahren hat, sicher kein schlechtes Ergebnis ist.

Wie sich eine Lebensversicherung über die Jahre entwickelt, zeigt folgendes Beispiel.

Beispiel

Ein Mann, Jahrgang 1961, schließt eine Lebensversicherung über 200.000 DM ab. Der Vertrag läuft bis zum 65. Lebensjahr. Hierfür muß der Versicherte einen Monatsbeitrag von 400 DM entrichten. Mit Entrichtung des ersten Beitrages besteht eine Todesfallabsicherung in Höhe der vorgenannten Versicherungssumme von 200.000 DM. Würde der Versicherte bereits nach Entrichtung des ersten Beitrages versterben, dann würde den Erben die Versicherungssumme von 200.000 DM ausgezahlt werden.

Erlebt der Versicherte den Vertragsablauf, also das 65. Lebensjahr, dann wird neben der Versicherungssumme von 200.000 DM noch eine sogenannte Überschußbeteiligung, das sind die von der Versicherungsgesellschaft erwirtschafteten Zinsen, ausgezahlt. In unserem Beispiel wäre dies ein weiterer Betrag von 200.755 DM, so daß mit Vollendung des 65. Lebensjahres ein Gesamtbetrag von 400.755 DM ausgezahlt würde. Investiert hat der Versicherte insgesamt für 360 Monate jeweils 400 DM, also 144.000 DM.

Überschußbeteiligung

Bei der Überschußbeteiligung ist jedoch zu beachten, daß diese bis zum Vertragsablauf von den Versicherungsgesellschaften nur unverbindlich mitgeteilt wird. Sie darf und kann nicht garantiert werden, da die künftige Zinsentwicklung nicht bekannt ist.

TIP ▶ *Es gibt Versicherungsgesellschaften, die hohe Ablaufleistungen unverbindlich mitteilen, obwohl die zugrunde gelegte Zinserwartung unrealistisch ist. Deswegen sollten Sie sich, bevor Sie eine Lebensversicherung abschließen, verschiedene Angebote einholen und dabei nur die garantierten Leistungen vergleichen.* ◀

Wie sich die Leistungen bei einer Kapitalversicherung entwickeln, soll auf Basis des obigen Beispiels tabellarisch dargestellt werden. Die Tabelle enthält die sogenannten Rückkaufswerte, das sind die Beträge, die im Falle einer Kündigung des Vertrages vor Vertragsablauf ausgezahlt werden würden, die Gewinne (Zinsen), bezogen auf die Rückkaufswerte, sowie die Rückkaufswerte einschließlich der Gewinne. Die Unterteilung erfolgt deswegen, weil die Gewinne nicht garantiert werden dürfen. Es handelt sich hierbei um Werte, die die Versicherungsgesellschaft aufgrund der derzeitigen Zinssituation als Annahme zugrunde legt. Die letzte Spalte enthält die Entwicklung des Todesfallschutzes von ursprünglich 200.000 DM, der langsam, aber stetig ansteigt.

Rückkaufswerte

Versicherungsjahr	Alter	Rückkaufswert DM	Überschuß aus Rückkaufswert DM	Gesamtrückkaufswert DM	Todesfallschutz DM
1	36	0	0	0	200.000
2	37	304	68	372	200.000
3	38	4.410	217	4.627	200.046
4	39	8.662	508	9.170	200.172

ERGÄNZENDE MASSNAHMEN (EIGENVORSORGE)

Versicherungsjahr	Alter	Rückkaufswert DM	Überschuß aus Rückkaufswert DM	Gesamtrückkaufswert DM	Todesfallschutz DM
5	40	13.068	958	14.026	200.383
6	41	17.632	1.581	19.213	200.682
7	42	22.360	2.396	24.756	201.070
8	43	27.261	3.422	30.683	201.553
9	44	32.341	4.680	37.021	202.132
10	45	37.610	6.189	43.799	202.811
11	46	43.073	8.029	51.102	203.596
12	47	48.741	10.206	58.947	204.488
13	48	54.621	12.761	67.382	205.493
14	49	60.722	15.740	76.462	206.613
15	50	67.051	19.196	86.247	207.855
16	51	73.621	23.186	96.807	209.221
17	52	80.441	27.775	108.216	210.718
18	53	87.521	33.039	120.561	212.350
19	54	94.875	39.061	133.936	214.123
20	55	102.517	45.940	148.457	216.042
21	56	110.465	53.780	164.245	218.111
22	57	118.734	62.706	181.440	220.338
23	58	128.061	83.935	211.996	222.728
24	59	136.950	96.088	233.039	237.137
25	60	146.224	109.532	255.756	262.258
26	61	155.910	124.384	280.294	287.480
27	62	166.042	140.776	306.818	312.826
28	63	176.656	158.852	335.508	338.322
29	64	187.791	178.767	366.558	363.988
30	65	200.000	200.755	400.755	389.846

Aus der Tabelle ist erkennbar, wie sich die Leistungen der Versicherung kontinuierlich erhöhen. Ihr ist ferner zu entnehmen, daß mit einer Lebensversicherung sowohl eine bestimmte Todesfallabsicherung als auch ein Sparvorgang ermöglicht wird. Die Tabelle zeigt aber auch, daß eine Kündigung möglichst vermieden werden sollte, da sie in der Regel mit finanziellen Nachteilen verbunden ist.

Kündigung möglichst vermeiden

Würde bei obigem Beispiel der Vertrag beispielsweise nach 10 Jahren gekündigt, dann würde lediglich ein Betrag von 43.799 DM ausgezahlt werden. Eingezahlt wären aber bis zu diesem Zeitpunkt bereits 48.000 DM. Es wird also weniger ausgezahlt, als bis zum Kündigungszeitpunkt eingezahlt wurde.

TIP ▶ Sollte irgendwann ein finanzieller Notfall eintreten, dann empfiehlt sich anstelle einer Kündigung, mit der Versicherungsgesellschaft Lösungsmöglichkeiten zu suchen, zum Beispiel indem lediglich die bis zu dem bestimmten Zeitpunkt angesammelten Zinsen ausgezahlt werden. ◀

Wie bereits ausgeführt, können in die Lebensversicherung bestimmte Zusatzversicherungen integriert werden. Häufig wird innerhalb einer Lebensversicherung das Berufsunfähigkeitsrisiko mit abgesichert. Hier bieten sich folgende Möglichkeiten an:
Es wird eine sogenannte Beitragsbefreiung bei Berufsunfähigkeit mitversichert. Das bedeutet, daß im Falle der Berufsunfähigkeit keine Beiträge mehr entrichtet werden müssen, die Leistungen jedoch so gestaltet sind, als würden weiterhin Beiträge gezahlt. Letztlich zahlt indirekt die Versicherungsgesellschaft in diesem Fall die Beiträge weiter. Würde man bei unserem obigen Beispiel den Einschluß der Beitragsbefreiung bei Berufsunfähig-

Lebensversicherung für Berufsunfähigkeitsrisiko

keit vereinbaren, dann würde sich der Monatsbeitrag um 34 DM, das sind ca. 8,5 Prozent erhöhen.

TIP ▶ Insbesondere bei einem Abschluß in jungen Jahren sollte zumindest die Beitragsbefreiung bei Berufsunfähigkeit mitversichert werden, da es sich um einen relativ geringen Zusatzbeitrag handelt. ◀

Zusätzlich zur vorgenannten Beitragsbefreiung bei Berufsunfähigkeit kann noch eine Berufsunfähigkeitsrente mitversichert werden. Die Höhe der Berufsunfähigkeitsrente können Sie, auf die individuellen Bedürfnisse abgestellt, bestimmen.

Teure Absicherung

Würde man bei obiger Versicherung eine Berufsunfähigkeitsrente in Höhe von 10 Prozent der Versicherungssumme, das wären 20.000 DM jährlich, einschließen, dann würde sich der Beitrag um weitere 151 DM monatlich erhöhen. Sie erkennen daran, daß einerseits das Berufsunfähigkeitsrisiko relativ hoch und relativ teuer ist. Andererseits ist eine private Absicherung des Berufsunfähigkeitsrisikos zumindest in jungen Jahren wesentlich günstiger als bei der gesetzlichen Rentenversicherung, bei der mit dem Mindestbeitrag von derzeit 113,28 DM monatlich selten eine Berufsunfähigkeitsrente von mehr als 1.000 DM monatlich aufrechterhalten wird.

Sinnvolle Kapitalanlage

Insgesamt betrachtet kann eine Kapitallebensversicherung eine sinnvolle Kapitalanlage sein, insbesondere wenn man berücksichtigt, daß die von der Versicherungsgesellschaft erwirtschafteten Zinsen dem Versicherten in der Regel steuerfrei zufließen. Dies setzt unter anderem voraus, daß der Versicherungsvertrag mindestens zwölf Jahre läuft und daß die abgesicherte Todesfalleistung eine Höhe von mindestens 60 Prozent der Summe alle Beiträge hat.

> **TIP** ▸ *Gerade hinsichtlich der Kapitallebensversicherung gibt es viele Variationen und Gestaltungsmöglichkeiten, die im Rahmen dieses Buches nicht angesprochen werden können. Bevor Sie einen solchen Vertrag abschließen, sollten Sie in jedem Fall einige Gesellschaften vergleichen, damit eine optimale Absicherung getroffen werden kann.* ◂

Private Rentenversicherung

Im vorherigen Abschnitt wurde die Kapitallebensversicherung vorgestellt und dabei ausgeführt, daß sich diese unterteilt in einen Risiko- und einen Sparanteil. Bei der privaten Rentenversicherung entfällt der Risikoanteil, zumindest hinsichtlich des Todesfallrisikos. Es wird also lediglich ein bestimmter Betrag angespart, der dann bei Vertragsablauf in Form eines Kapitalbetrages oder einer Rente ausgezahlt wird. Im Ergebnis bedeutet dies, daß mit einer privaten Rentenversicherung grundsätzlich das Todesfallrisiko erst ab Rentenbeginn abgesichert wird. Die private Rentenversicherung dient demnach prinzipiell nur dem Aufbau einer Altersverorgung, gegebenenfalls mit Einschluß der Beitragsbefreiung bei Berufsunfähigkeit bzw. einer entsprechenden Berufsunfähigkeitsrente.

Risikoanteil entfällt

Die private Rentenversicherung kann entweder finanziert werden durch laufende Beiträge oder aber durch Einzahlung eines sogenannten Einmalbetrages. Da, wie bereits ausgeführt, kein Todesfallrisiko während der Anwartschaftszeit, also vor Rentenbeginn, abgesichert wird, bietet sich der Abschluß einer privaten Rentenversicherung auch noch im fortgeschrittenen Alter, insbesondere gegen Zahlung eines Einmalbetrages, an.

Einmal- oder laufende Beiträge

ERGÄNZENDE MASSNAHMEN (EIGENVORSORGE)

Die private Rentenversicherung kann individuell mittels laufender Beitragszahlung, zum Beispiel per Monatsbeitrag oder als Einmalzahlung, vereinbart werden. Mit den Beiträgen erwirbt man bestimmte Ansprüche. In erster Linie wird eine Altersrente abgesichert, die ab einem vertraglich vereinbarten Alter, beispielsweise dem 65. Lebensjahr, gewährt werden soll. Gegebenenfalls kann eine Witwen(r)rente eingeschlossen werden. Bis unmittelbar (in der Regel drei Monate) vor Rentenbeginn kann dennoch ein Wahlrecht dahingehend ausgeübt werden, ob anstelle der monatlichen Altersrente die Auszahlung des bis zum Vertragsablauf angesammelten Kapitals gewünscht wird.

Steuerfreie Zinsen

Ein weiterer Vorteil ergibt sich aus der steuerlichen Situation. Die Zinsen, die die Versicherungsgesellschaft mit den Beiträgen erwirtschaftet, sind, sofern Sie sich zu gegebener Zeit für die Kapitalzahlung anstelle der Rentenzahlung entscheiden, steuerfrei. Voraussetzung ist auch hier eine mindestens zwölfjährige Laufzeit des Versicherungsvertrages.

Entscheiden Sie sich dagegen für die Rentenzahlung, dann ist die Rente anaolg zur gesetzlichen Rentenversicherung nur mit dem Ertragsanteil (siehe Kapitel „Rente und Steuern", Seite 94 ff.) zu versteuern.

Steuerberater fragen

Etwas andere steuerliche Kriterien gelten, wenn anstelle einer laufenden Beitragszahlung eine Einmalzahlung erfolgt. Wegen der vielfältigen steuerlichen Möglichkeiten ist es empfehlenswert, die steuerlichen Aspekte bei der Einmalzahlung mit einem Steuerberater zu erörtern. Welche Rentenleistungen oder Kapitalzahlungen erreichbar sind, soll im folgenden dargestellt werden. Dabei wird von einem Monatsbeitrag von 300 DM ausgegangen, der von einer weiblichen Person ab einem bestimmten Eintrittsalter bis zur Vollendung des 65. Lebensjahres entrichtet wird.

Die nachstehende Tabelle weist dabei die ab dem 65. Lebensjahr zu zahlende garantierte Altersrente, die Zusatzrente aus den Überschüssen und die Gesamtrente aus. Auch hier gilt, daß die Leistungen aus den Überschüssen nicht garantiert werden können und dürfen.

Eintritts-alter	Garantierte Altersrente ab dem 65. Lebensj. DM mtl.	Zusatz-rente aus den Über-schüssen DM mtl.	Gesamt-altersrente ab dem 65.Lebensj. DM mtl.
25	1.380	1.559	2.939
28	1.221	1.214	2.435
31	1.053	917	1.970
34	920	695	1.615
37	782	509	1.291
40	669	371	1.040
43	554	258	812

Die Zahlen zeigen, daß mit einem bestimmten Aufwand über die private Rentenversicherung eine relativ hohe Rente aufgebaut werden kann. Würde die private Rentenversicherung beispielsweise mit dem 31. Lebensjahr abgeschlossen, dann ergäbe sich ein Gesamtaufwand bei 34 Jahren, mit je 300 DM monatlich, das sind insgesamt 122.400 DM. Zum Vergleich sei angemerkt, daß der gleiche Aufwand bei der gesetzlichen Rentenversicherung lediglich zu einer Altersrente von rund 590 DM monatlich führen würde.

Kapital-zahlungen

Mit welchen Kapitalzahlungen anstelle obiger Renten gerechnet werden kann, zeigt nun die folgende Tabelle:

ERGÄNZENDE MASSNAHMEN (EIGENVORSORGE)

Eintritts-alter	Garantierter Kapitalbetrag mit dem 65. Lebensj.- DM	Zusatzbetrag aus den Überschüssen DM	Gesamtkapitalbetrag mit dem 65. Lebensj. DM
25	282.912	319.634	602.546
28	245.699	244.301	490.000
31	212.080	184.506	396.586
34	181.635	137.240	318.875
37	154.200	100.341	254.541
40	129.436	71.763	201.199
43	107.765	49.992	157.757

Geringer Aufwand – hohe Rente

Auch diese Zahlen zeigen, daß mit einem relativ geringen Aufwand eine sehr hohe Kapitalzahlung erreicht werden kann. Nimmt man wieder das Beispiel von oben, wonach ab dem 31. Lebensjahr bis zum 65. Lebensjahr monatlich 300 DM, insgesamt also 122.400 DM investiert werden, dann ergibt sich immerhin eine steuerfreie Kapitalabfindung in Höhe von 396.586 DM. Selbst wenn man berücksichtigt, daß die Überschüsse nicht garantiert werden dürfen und man, bezogen auf den Kapitalbetrag aus den Überschüssen, einen Sicherheitsabschlag von 20 Prozent vornimmt, ergibt sich immer noch ein Kapitalbetrag von rund 359.685 DM, also annähernd eine Verdreifachung der eingezahlten Beiträge.

Es wurde bereits ausgeführt, daß im Rahmen der privaten Rentenversicherung eine Berufsunfähigkeitsabsicherung und für die Zeit nach Rentenbeginn eine Witwen(r)rentenabsicherung erfolgen kann. Hier gilt, wie auch bei der Lebensversicherung, daß man sich den individuellen Bedürfnissen entsprechend ausführlich beraten lassen sollte.

Ungeachtet steuerlicher Aspekte, die mit dem Steuerberater zu erörtern wären, soll nachstehend aufgezeigt werden, welche Rentenleistungen erreichbar sind, wenn zu einem bestimmten Zeitpunkt eine Einmalzahlung von 150.000 DM in eine private Rentenversicherung erfolgt. Als Beispiel dient wieder eine weibliche Versicherte mit einem Rentenbeginn ab dem 65. Lebensjahr. Danach ergeben sich folgende Werte:

Einmalzahlung

Eintrittsalter	Garantierte Altersrente ab dem 65. Lebensj.- DM mtl.	Zusatzbetrag aus den Überschüssen DM mtl.	Gesamtaltersrente ab den 65. Lebensjahr DM mtl.
45	1.641	1.319	2.960
50	1.347	752	2.099
55	1.131	389	1.520
60	951	152	1.103

Es zeigt sich auch hier, daß die Einzahlung eines bestimmten Kapitalbetrages zum Aufbau einer zusätzlichen Altersversorgung eine interessante Variante sein kann, zumal auch in diesem Fall eine spätere Kapitalzahlung gewählt werden kann.

Mit welchen Kapitalbeträgen dann zu rechnen ist, zeigt die folgende Übersicht:

ERGÄNZENDE MASSNAHMEN (EIGENVORSORGE)

Eintritts-alter	Garantierter Kapitalbetrag mit dem 65. Lebensj.- DM	Zusatzbetrag aus den Überschüssen DM	Gesamtkapitalbetrag mit dem 65. Lebensj. DM
45	311.028	249.764	560.792
50	255.374	142.166	397.540
55	209.718	72.047	281.765
60	172.244	27.429	199.673

Gute Verzinsung

Setzen Sie hier den eingezahlten Kapitalbetrag von 150.000 DM ins Verhältnis zu der Ablaufleistung, dann erkennen Sie, daß eine durchschnittliche Verzinsung von 6 bis 7 Prozent, selbst unter Berücksichtigung eines Sicherheitsabschlages, nicht unrealistisch ist.

Die Beispiele zeigen, daß die private Rentenversicherung, je nach Höhe des Beitrages und abhängig vom Eintrittsalter, mehr als nur eine Ergänzung der gesetzlichen Rentenleistungen sein kann.

Risikoversicherungen

Unter Risikoversicherung versteht man im Bereich der Personenversicherungen die Absicherung der Risiken für den Fall des Todes und der Berufsunfähigkeit.

Keine Kapitalansammlung

Im Gegensatz zur Kapitallebensversicherung und zur privaten Rentenversicherung wird bei den Risikoversicherungen kein Kapitalbetrag angespart oder angesammelt. Es werden hier lediglich sogenannte Risikobeiträge entrichtet. Insoweit ergibt sich eine Leistungsverpflichtung der Versicherungsgesellschaft auch nur dann, wenn während der Laufzeit des Versicherungsvertrages der Leistungsfall, also die Berufsunfähigkeit oder der Todesfall eintritt. Das bedeutet aber auch, daß dann, wenn der Leistungsfall nicht eintritt, die zur Abdeckung des Risikos gezahlten Beiträge nicht mehr erstattet werden.

Unabhängig davon, welche Risiken, also Berufsunfähigkeit oder Todesfall oder beide, abgesichert werden sollen, bieten sich Risikoversicherungen immer dann an, wenn zur Abdeckung vorhandener diesbezüglicher Risiken nur geringe finanzielle Mittel zur Verfügung stehen. Wegen des nicht vorhandenen Sparvorganges sind Risikoversicherungen erheblich billiger als Kapitalversicherungen.

Preiswerter als Kapitalversicherungen

Aufgrund unterschiedlicher Gestaltungsmöglichkeiten gibt es zwischen den einzelnen Versicherungsgesellschaften teilweise ganz erhebliche Beitragsunterschiede. So kann beispielsweise eine reine Risikolebensversicherung über 200.000 DM bei ansonsten gleichen Voraussetzungen zwischen 60 und 90 DM monatlich kosten. Auch hier ist es insoweit angebracht, mehrere Angebote einzuholen.

TIP ▶ *Achten Sie darauf, daß Sie nur Angebote von Versicherungsgesellschaften einholen, die der Aufsicht des Bundesaufsichtsamtes für das Versicherungswesen unterliegen.* ◀

Sonstige kapitalbildende Maßnahmen

Verschiedene Sparformen

Bei den in diesem Abschnitt anzusprechenden Möglichkeiten handelt es sich weniger um zusätzliche Absicherungen oder Versicherungen, als um Sparvorgänge oder Kapitalanlagen, die als zusätzliche Versorgungsleistungen möglicherweise herangezogen werden können. Als solche sind alle Formen des Sparens anzusehen, insbesondere
- Sparbriefe
- Aktien
- Wertpapiere
- Immobilienfonds
- Immobilien.

Diese Anlageformen eigenen sich natürlich nicht zur Absicherung des Berufsunfähigkeits- oder Todesfallrisikos, da ein gezieltes Ansparen auf diesen Versorgungs- oder Rentenfall deswegen nicht möglich ist, weil niemand vorhersagen kann, ob bzw. wann diese Rentenfälle eintreten.

Letztlich eignen sich diese Anlageformen eigentlich nur zur Ergänzung der späteren Altersrente, denn der Eintritt dieses Rentenfalles ist altersabhängig, kann also gezielt angesteuert werden.

Ob zur Ergänzung der späteren Altersversorgung eine der vorgenannten oder anderweitige Anlageformen geeignet sind, bleibt einzig und allein den individuellen Verhältnissen überlassen. In jedem Fall sollten Sie sich auch hier sachkundigen Rat, insbesondere auch unter steuerlichen Aspekten, einholen.

Prüfliste für die Rentenunterlagen

Wenn hier von Prüfliste gesprochen wird, dann ist dies nicht zu vergleichen mit den Anforderungslisten, die von den Rentenversicherungsträgern beispielsweise für einen Rentenantrag zur Verfügung gestellt werden. Es kann sich bei den nachfolgenden Fragen nur um generelle Fragen handeln, die im Rahmen Ihrer individuellen Verhältnisse zu beantworten sind.

Checkliste

	Ja	Nein
Habe ich alle Nachweise über die geleisteten Beitragszeiten?	☐	☐
Habe ich alle Nachweise über Ersatzzeiten?	☐	☐
Habe ich alle Nachweise über Anrechnungs- oder Berücksichtigungszeiten?	☐	☐
Habe ich die Kindererziehungszeiten mittels Antrag anerkennen lassen?	☐	☐
In diesem Zusammenhang sollte ggf. die Frage der Zuordnung der Kindererziehungszeiten (Mutter oder Vater) geprüft werden.	☐	☐

Versicherungs-
verlauf anfordern

Wenn Sie alle vier Fragen mit „Ja" beantwortet haben, dann sollten Sie bei der zuständigen Versicherungsanstalt (siehe Kapitel „Anschriftenverzeichnis", Seite 143 ff.) einen Versicherungsverlauf anfordern. Vergleichen Sie diesen mit Ihren vorhandenen Unterlagen. Ergeben sich dabei Abweichungen, so stellen Sie einen sogenannten Antrag auf Kontenklärung (siehe nachstehender Musterantrag) bei der zuständigen Versicherungsanstalt.

Nachweise
beschaffen

Haben Sie eine oder mehrere der Fragen mit „Nein" beantwortet, müssen Sie sich vor der Durchführung einer Kontenklärung die entsprechenden Nachweise beschaffen. Nachweise über Beitragszeiten sind zunächst bei der zuständigen Versicherungsanstalt anzufordern. Liegen dort keine Nachweise vor, können Sie diese auch bei der zuständigen Krankenkasse oder beim Arbeitgeber anfordern.

Fehlen Ihnen Nachweise über Ersatzzeiten, so ist eine entsprechende Anfrage an die zuständige Versicherungsanstalt zu richten. Bitten Sie um Benennung entsprechender Archive, bei denen Sie die notwendigen Angaben anfordern können. Gegebenenfalls erteilen auch Einwohnermeldeämter Auskünfte, zum Beispiel über die Rückkehr aus der Gefangenschaft und die dann erfolgte Anmeldung.

Nachweise über die Anrechnungs- oder Berücksichtigungszeiten erhalten Sie bei der zuständigen Krankenkasse, der Schule oder den Arbeitsämtern.

Prüfliste für die Rentenunterlagen

BUNDESVERSICHERUNGSANSTALT FÜR ANGESTELLTE

Postanschrift:
Bundesversicherungsanstalt für Angestellte · 10704 Berlin

Hauptverwaltung: Berlin-Wilmersdorf, Ruhrstraße 2, Telefon (0 30) 8 65-1
Telex 1 83 366 · Telefax (0 30) 8 65 272 40 · Btx *4 5065 #

Antrag auf Kontenklärung
(kein Rentenantrag)

Hinweis: Um Ihr Versicherungskonto überprüfen und ergänzen zu können, benötigen wir aufgrund des Sechsten Buches des Sozialgesetzbuches – Gesetzliche Rentenversicherung (SGB VI) – von Ihnen einige wichtige Informationen und Unterlagen. Wir möchten Sie deshalb bitten, die gestellten Fragen vollständig zu beantworten und uns die erbetenen Unterlagen möglichst umgehend zu überlassen. Ihre Mithilfe erleichtert uns eine raschere Erledigung Ihrer Angelegenheiten.
In welchem Umfang Ihre Mithilfe benötigt wird, ergibt sich aus § 149 Abs. 4 SGB VI. Danach sind Sie verpflichtet, alle für die Kontenklärung erheblichen Tatsachen anzugeben und uns die notwendigen Urkunden und sonstigen Beweismittel zur Verfügung zu stellen.

Die rot umrandeten Felder sind nicht vom Antragsteller auszufüllen

SZAI	Versicherungsnummer	EK2
7 0	5 3 2 5 0 2 6 0 4 6 6 6	

Eingangsstempel (BfA)

Personenstandsdaten bestätigt 90

Sollten Sie zu einer Frage weitere Auskunft benötigen, finden Sie Näheres in den Erläuterungen zum Antrag auf Kontenklärung

1 Angaben zur Person

Name, Geburtsname, Vornamen (Rufname bitte unterstreichen): **Ullrich, Conny**
Geburtsdatum: **25 02 60**
Straße, Hausnummer: **Gartenstr. 6**
Postleitzahl: **82266** Wohnort: **Grünzweig**
Wohnsitz am 18.05.90 (Ort, Bundesland, Staat): **Grünzweig, Bayern**
Letzter Wohnsitz im Inland (bei Aufenthalt im Ausland): **entfällt**

Zuzug aus dem Ausland
[X] nein [ ] ja, am ___ aus ___

Bestätigung der Personenstandsdaten des Antragstellers (Ziff. 1)
Es lag vor
[ ] Geburtsurkunde [ ] Personalausweis

Nur ausfüllen, wenn für den Versicherten bisher keine Versicherungsnummer vergeben wurde

Frühere Namen	Geburtsort	Staatsangehörigkeit	Geschlecht
			[ ] männlich [ ] weiblich

2 Antragstellung durch andere Personen
Der Antrag wird in Vertretung gestellt von   Vollmacht oder Beschluß des Vormundschaftsgerichtes bitte beifügen

Name, Vorname, Bezeichnung des Verbandes
[2] Bevollmächtigten
Straße, Hausnummer   Telefon (Vorwahl/Ruf-Nr.) tagsüber
Postleitzahl Wohnort   Aktenzeichen

[3] Betreuer [4] Vormund [ ] gesetzlicher Vertreter
Name, Vorname, Dienststelle
Straße, Hausnummer   Telefon (Vorwahl/Ruf-Nr.) tagsüber
Postleitzahl Wohnort   Aktenzeichen

3 Angaben zur letzten Beitragszahlung

Der **letzte Beitrag** wurde gezahlt für
Mon Jahr
0 7 96 zur [ ] Rentenversicherung [X] Rentenversicherung der Angestellten [ ] Rentenversicherung der Arbeiter [ ] Bahnversicherungsanstalt [ ] knappschaftlichen Rentenversicherung [ ] Seekasse

bitte wenden

PRÜFLISTE FÜR DIE RENTENUNTERLAGEN

4 Angaben zu Beitragszeiten

Beweismittel bitte beifügen

4.1 Haben Sie **Beitrags- oder Beschäftigungszeiten** im Bundesgebiet zurückgelegt, die im Versicherungsverlauf **nicht** aufgeführt sind (z. B. als Angestellter, Arbeiter, Beschäftigter im Bergbau, Seemann, Selbständiger, Wehr- oder Zivildienstleistender, Bezieher von Vorruhestandsgeld, Pflegeperson ab 01.04.95)?

☒ nein ☐ ja, dann hier bitte genaue Angaben über Art und Dauer eintragen
Die Angaben sind entbehrlich, soweit Sozialversicherungsausweise aus dem Beitrittsgebiet beigefügt werden.

Bei nicht nachgewiesenen Beitragszeiten im Beitrittsgebiet bitte Vordruck 6. 0728 ausfüllen und beifügen.

Zeitraum vom – bis (Tag, Monat, Jahr)	Genaue Bezeichnung der Beschäftigung bzw. Tätigkeit (z. B. nicht kaufm. Angest. sondern Bilanzbuchhalter)	Arbeitgeber (Name, Sitz und Art des Betriebes) bzw. Vermerk „selbständig"	Höhe des wöchentl./mtl. Entgelts	An welche Krankenkasse und zu welcher Versicherungsanstalt wurden Beiträge gezahlt (z. B. Bundesversicherungsanstalt für Angestellte – BfA, LVA Baden, FDGB Dresden)?
Beispiel 15.11.93 – 31.03.94	Buchhalter	Firma Lehmann, Berliner Str.15, 76185 Karlsruhe Kleinmöbelhersteller	mtl. 2.850,– DM	AOK Karlsruhe BfA

Haben Sie im Beitrittsgebiet Beiträge zur freiwilligen Zusatzrentenversicherung (FZR) gezahlt?
vom/bis
☒ nein ☐ ja

4.2 Waren Sie im Beitrittsgebiet oder während der unter Ziffer 4.1 eingetragenen Zeiten teilzeitbeschäftigt?
vom/bis   wöchentliche Arbeitszeit in Stunden   volle betriebliche Arbeitszeit pro Woche in Stunden
☒ nein ☐ ja

4.3 Standen Sie in einem Beschäftigungsverhältnis bei Verwandten oder dem Ehegatten?
vom/bis   Name und Verwandtschaftsverhältnis
☐ nein ☒ ja 1.4. 87 bis 31.7. 1994   Ehegatte Werner Körner

4.4 Haben Sie vor dem 01.01.57 für versicherungspflichtige **Beschäftigungen** neben Barbezügen in wesentlichem Umfang **Sachbezüge** erhalten (Sachbezüge sind z. B. Kost und Wohnung, volle Kost, Teilkost, Wohnung, Deputat), und sind diese Zeiten **nicht** mit „**Sachbezug**" im Versicherungsverlauf gekennzeichnet?
vom/bis   ausgeübter Beruf   Art der Sachbezüge
☒ nein ☐ ja

4.5 Lagen Ihre tatsächlichen Arbeitsverdienste bzw. Einkünfte im Beitrittsgebiet über den im Sozialversicherungsausweis bescheinigten Beträgen?
vom/bis   derzeitige Anschrift des Arbeitgebers
☒ nein ☐ ja   Nachweise bitte beifügen

4.6 Haben Sie **freiwillige Beiträge** zur Rentenversicherung gezahlt, die im Versicherungsverlauf **nicht** aufgeführt sind?
vom/bis   Versicherungsträger
☒ nein ☐ ja

Prüfliste für die Rentenunterlagen

Beweismittel bitte beifügen

4.7 Haben Sie einen Antrag auf Nachversicherung für Beschäftigungszeiten im öffentlichen Dienst oder bei sonstigen öffentlich-rechtlichen Körperschaften, Körperschaften der evangelischen, der katholischen oder anderer Religionsgesellschaften gestellt, oder wurde eine Nachversicherung bereits durchgeführt?

bei welcher Stelle   Aktenzeichen

[X] nein   [ ] ja

Könnte für Sie ein Anspruch auf **Nachversicherung** bestehen (z. B. als Beamter, Berufssoldat, Soldat auf Zeit, Grundwehrdienstleistender in der Zeit vom 01.03.57 bis 30.04.61 bei der Bundeswehr, Mitarbeiter von Religionsgesellschaften im Beitrittsgebiet)?

vom/bis   Grund

[X] nein   [ ] ja

4.8 Sind Ihnen **Beiträge erstattet** oder zurückgezahlt oder ist dies von Ihnen beantragt worden (z. B. bei Frauen wegen Heirat)?

wann   Versicherungsträger   Aktenzeichen

[X] nein   [ ] ja

4.9 Wurden für Sie Beiträge für eine Berufsausbildung gezahlt, die im Versicherungsverlauf **nicht** als „**Pflichtbeiträge für Berufsausbildung**" gekennzeichnet sind? (bitte unbedingt Erläuterungen beachten)

vom/bis   Art der Berufsausbildung

[X] nein   [ ] ja

4.10 Haben Sie in der Zeit vom **01.03.57 bis 30.04.61** Wehrdienst bei der Bundeswehr oder Zivildienst (früher Ersatzdienst) geleistet, der im Versicherungsverlauf **nicht** als „**Pflichtbeiträge Wehr-, Zivildienst**" gekennzeichnet ist?

vom/bis   vom/bis

[X] nein   [ ] ja

4.11 Werden oder wurden nach dem 30.06.75 für Sie Beiträge als Behinderter in einer geschützten Einrichtung gezahlt, die im Versicherungsverlauf **nicht** als „**Pflichtbeiträge in geschützter Einrichtung**" gekennzeichnet sind?

vom/bis   vom/bis   Bezeichnung der Einrichtung

[X] nein   [ ] ja

4.12 Waren Sie in der Zeit vom 01.07.75 bis 31.12.91 im Beitrittsgebiet erwerbsunfähig?

vom/bis   Aufenthaltsort

[X] nein   [ ] ja

5 Zeiten im Ausland

5.1 Haben Sie Beitrags- und Beschäftigungszeiten in Polen zurückgelegt?

[X] nein   [ ] ja, bitte Vordruck 5.7920 ausfüllen und beifügen

5.2 Haben Sie Beitrags- und Beschäftigungszeiten in Ungarn, Rumänien, Bulgarien, Jugoslawien, Albanien, China, der Tschechoslowakei, der Sowjetunion oder deren Nachfolgestaaten zurückgelegt?

bitte Vordruck 4.3653 (für Sowjetunion oder deren Nachfolgestaaten), 5.6853 (für Rumänien), 6.0774 (für übrige [X] nein   [ ] ja, Ostblockstaaten) ausfüllen und beifügen

5.3 Haben Sie Beiträge zu einem **Versicherungsträger in einem anderen Staat** gezahlt?

vom/bis   Versicherungsträger

[X] nein   [ ] ja

Staat   ausländische Versicherungsnummer

5.4 Haben Sie sich nach Vollendung des 15. Lebensjahres in den Niederlanden bzw. nach Vollendung des 16. Lebensjahres gewöhnlich in einem der folgenden Länder aufgehalten: Dänemark, Finnland, Island, Israel, Kanada/Quebec, Liechtenstein, Norwegen, Schweden, Schweiz?

vom/bis   Land

[X] nein   [ ] ja

6 Angaben zu Ersatzzeiten

(z. B. Kriegsdienst, Kriegsgefangenschaft, Reichsarbeitsdienst, Verfolgung, Internierung, Vertreibung, Aussiedlung, Freiheitsentzug im Beitrittsgebiet, für den Versicherte rehabilitiert worden sind)
– weitere Tatbestände finden Sie in den Erläuterungen –

Haben Sie **Ersatzzeiten** zurückgelegt, die im Versicherungsverlauf **nicht** enthalten sind?
– betrifft nur Tatbestände nach Vollendung des 14. Lebensjahres für Zeiten bis zum 31.12.91 –

[X] nein   [ ] ja, bitte Fragebogen zu Ersatzzeiten (Vordruck 4.0140) ausfüllen und beifügen

7 Angaben zu Anrechnungszeiten

(z. B. Arbeitsunfähigkeit, Schwangerschaft, Mutterschaft während der jeweiligen Schutzfristen, Arbeitslosigkeit oder Leistungen vom Arbeitsamt, nach vollendetem 16. Lebensjahr liegende Schulzeiten oder abgeschlossene Fachschul-, Fachhochschul- oder Hochschulausbildung, berufsvorbereitende Bildungsmaßnahme)
– weitere Tatbestände finden Sie in den Erläuterungen –

Haben Sie **Anrechnungszeiten** zurückgelegt, die im Versicherungsverlauf **nicht** enthalten sind?

[X] nein   [ ] ja, bitte Fragebogen zu Anrechnungszeiten (Vordruck 4.0141) ausfüllen und beifügen

8 Angaben zu Kindererziehungszeiten / Berücksichtigungszeiten wegen Kindererziehung

Werden Kindererziehungszeiten/Berücksichtigungszeiten wegen Kindererziehung geltend gemacht?

[ ] nein   [X] ja, bitte Vordruck 6.4360 ausfüllen und beifügen, wenn diese Zeiten noch nicht beantragt worden sind

bitte wenden

PRÜFLISTE FÜR DIE RENTENUNTERLAGEN

9 Sonstige Angaben
Beweismittel bitte beifügen

9.1 Haben Sie Anwartschaft oder Anspruch auf **eigene Versorgung** nach beamtenrechtlichen Vorschriften oder Grundsätzen oder entsprechenden kirchenrechtlichen Regelungen aus einem öffentlich-rechtlichen Dienstverhältnis oder Arbeitsverhältnis?
Versorgungsdienststelle/Aktenzeichen
[X] nein [ ] ja
bitte Festsetzungsblatt über die ruhegehaltfähigen Dienstzeiten beifügen

9.2 Beziehen oder bezogen Sie bereits eine **Rente aus eigener Versicherung** oder haben Sie eine solche beantragt (auch im Ausland)?
seit/bis/beantragt am   Versicherungsträger/Aktenzeichen/ggf. Grund der Ablehnung
[X] nein [ ] ja

9.3 Besteht oder bestand für Sie eine Versicherung bei der **Künstlersozialkasse**?
vom/bis   Aktenzeichen
[X] nein [ ] ja

9.4 Haben Sie auf einem **Rheinschiff** eine Beschäftigung oder selbständige Erwerbstätigkeit ausgeübt?
vom/bis   Berufsbezeichnung   Sitz des Arbeitgebers
[X] nein [ ] ja

9.5 Haben Sie einem **Zusatz- oder Sonderversorgungssystem** im Beitrittsgebiet angehört?
vom/bis   Versorgungssystem
[X] nein [ ] ja

Waren Sie hauptberuflicher Mitarbeiter des Ministeriums für Staatssicherheit/Amtes für Nationale Sicherheit, ohne in das Sonderversorgungssystem für Angehörige des Ministeriums für Staatssicherheit/Amtes für Nationale Sicherheit einbezogen worden zu sein (z. B. Offizier im besonderen Einsatz - OibE - / Hauptberuflicher Informeller Mitarbeiter - HIM -)?
vom/bis
[X] nein [ ] ja

9.6 Haben Sie eine Beschäftigung oder Tätigkeit in den Betrieben des ehemaligen VEB Carl Zeiss Jena, VEB JENAer Glaswerk Schott und Genossen Jena ausgeübt?
vom/bis   bei
[X] nein [ ] ja

9.7 Sind Sie anerkannter Verfolgter im Sinne des Gesetzes über den Ausgleich beruflicher Benachteiligungen für Opfer politischer Verfolgung im Beitrittsgebiet (Berufliches Rehabilitierungsgesetz)?
[X] nein [ ] ja, bitte Bescheinigung der Rehabilitierungsbehörde beifügen

10 Erklärung der Antragstellerin / des Antragstellers

Ich versichere, daß ich sämtliche Angaben in diesem Vordruck und den dazu gehörenden Anlagen nach bestem Wissen gemacht habe. Mir ist bekannt, daß wissentlich falsche Angaben zu einer strafrechtlichen Verfolgung führen können.
Während der verbleibenden Lücken habe ich keine Beitrags-, Ersatz-, Anrechnungs-, Kindererziehungs- oder Berücksichtigungszeiten zurückgelegt. Durch meine Unterschrift bestätige ich, daß ich von den Erläuterungen zum Antrag auf Kontenklärung Kenntnis genommen habe.

Ort/Datum: Gritzwig, der 2.7.1996

Unterschrift: C. Ullrich

11 Anlagen

Versicherungsunterlagen sowie Nachweise über Ersatzzeiten und Anrechnungszeiten sind **nicht** einzusenden, wenn diese Zeiten bereits im Versicherungsverlauf enthalten sind. Soweit eine Bestätigung der Personenstandsdaten auf Seite 1 dieses Antrags nicht vorgenommen wurde, bitten wir eine Personenstandsurkunde einzusenden.

Ist die **Vorlage von Versicherungsunterlagen** erforderlich, bitten wir Sie, diese **im Original** einzusenden. Versicherte, die die erforderlichen Daten mit Eintragungen in dem Ausweis für Arbeit und Sozialversicherung nachweisen, sind berechtigt, in einer Ablichtung des Ausweises (mit Übereinstimmungsbestätigung) die Daten unkenntlich zu machen, die für den Träger der Rentenversicherung nicht erforderlich sind. Bei **sonstigen Unterlagen und Urkunden genügen auch Fotokopien oder Abschriften, sofern deren Übereinstimmung mit dem Original bestätigt ist.** Wir bitten Sie, diese Bestätigung (**keine** amtliche Beglaubigung) durch die Auskunfts- und Beratungsstellen der BfA, ihre Versichertenältesten sowie durch die anderen Sozialleistungsträger (z. B. Krankenkassen), aber auch durch die Versicherungsämter bzw. die Stadt- oder Gemeindeverwaltungen und die deutschen Auslandsvertretungen vornehmen zu lassen; die Bestätigung erfolgt kostenlos. Es reicht **nicht** aus, wenn die Bestätigung der Übereinstimmung der Fotokopie oder Abschrift mit dem Original von Ihnen selbst oder einem Rechtsanwalt, Rechtsbeistand oder Rentenberater vorgenommen wird. Soweit Sie in Berlin wohnen, empfehlen wir Ihnen, sich unmittelbar an die BfA zu wenden.

Als Anlage sind beigefügt

____ Versicherungskarten (AV und ArV)   /1/ ~~Wiederherstellungsbescheid~~, Versicherungsverlauf   ____ Nachweise über Ersatzzeiten

____ Sozialversicherungsausweise   ____ Sonstige Beitragsnachweise   /1/ Nachweise über Anrechnungszeiten

____ Durchschriften der Versicherungskarten aus dem Versicherungsnachweisheft   /1/ Geburtsurkunde   ____ Vertriebenenausweis

____ Aufrechnungsbescheinigungen (AV und ArV)

Sonstige Anlagen

Tabellenanhang

Der Tabellenanhang liefert Ihnen – sofern nicht schon in den jeweiligen Kapiteln geschehen – die notwendigen Übersichten und Werte zur ungefähren Berechnung Ihrer eigenen Rente. Im einzelnen sind dies
- Beitragsbemessungsgrenze (in den alten und neuen Bundesländern)
- Durchschnittseinkommen aller Versicherten
- Beitragssätze
- Rentensteigerungen (in den alten und neuen Bundesländern).

Beitragsbemessungsgrenzen seit 1957 in den alten Bundesländern

Kalenderjahr	DM jährlich	DM monatlich
1957	9.000	750
1958	9.000	750
1959	9.600	800
1960	10.200	850
1961	10.800	900
1962	11.400	950
1963	12.000	1.000
1964	13.200	1.100
1965	14.400	1.200
1966	15.600	1.300

Beitragsbemessungsgrenzen seit 1957 in den alten Bundesländern

Kalenderjahr	DM jährlich	DM monatlich
1967	16.800	1.400
1968	19.200	1.600
1969	20.400	1.700
1970	21.600	1.800
1971	22.800	1.900
1972	25.200	2.100
1973	27.600	2.300
1974	30.000	2.500
1975	33.600	2.800
1976	37.200	3.100
1977	40.800	3.400
1978	44.400	3.700
1979	48.000	4.000
1980	50.400	4.200
1981	52.800	4.400
1982	56.400	4.700
1983	60.000	5.000
1984	62.400	5.200
1985	64.800	5.400
1986	67.200	5.600
1987	68.400	5.700
1988	72.000	6.000
1989	73.200	6.100
1990	75.600	6.300
1991	78.000	6.500
1992	81.600	6.800
1993	86.400	7.200
1994	91.200	7.600
1995	93.600	7.800
1996	96.000	8.000

Beitragsbemessungsgrenzen seit 1992 in den neuen Bundesländern

Kalenderjahr	DM jährlich	DM monatlich
1992	57.600	4.800
1993	63.600	5.300
1994	70.800	5.900
1995	76.800	6.400
1996	81.600	6.800

Jährliches Durchschnittseinkommen aller Versicherten der Angestellten- und Arbeiterversicherung seit 1957

Kalenderj.	DM	Kalenderj.	DM
1957	5.043	1974	20.381
1958	5.330	1975	21.808
1959	5.602	1976	23.335
1960	6.101	1977	24.945
1961	6.723	1978	26.242
1962	7.328	1979	27.685
1963	7.775	1980	29.485
1964	8.467	1981	30.900
1965	9.229	1982	32.198
1966	9.893	1983	33.293
1967	10.219	1984	34.292
1968	10.842	1985	35.286
1969	11.839	1986	36.627
1970	13.343	1987	37.726
1971	14.931	1988	38.896
1972	16.335	1989	40.063
1973	18.295	1990	41.946

Jährliches Durchschnittseinkommen aller Versicherten der Angestellten- und Arbeiterversicherung seit 1957

Kalenderj.	DM	Kalenderj.	DM
1991	44.421	1995 (vorläufig)	50.972
1992	46.820		
1993	48.178	1996 (vorläufig)	51.108
1994	49.142		

Beitragssätze zur gesetzlichen Rentenversicherung in der Angestellten- und Arbeiterversicherung seit 1957

Kalenderj.	in %	Kalenderj.	in %
1957 (ab 1.3.)	14	1973	18
1958	14	1974	18
1959	14	1975	18
1960	14	1976	18
1961	14	1977	18
1962	14	1978	18
1963	14	1979	18
1964	14	1980	18
1965	14	1981	18,5
1966	14	1982	18
1967	14	1983 (ab 1.9.)	18,5
1968	15	1984	18,5
1969	16	1985	18,7
1970	17	1985 (ab 1.6.)	19,2
1971	17	1986	19,2
1972	17	1987	18,7

Beitragssätze zur gesetzlichen Rentenversicherung in der Angestellten- und Arbeiterversicherung seit 1957

Kalenderj.	in %	Kalenderj.	in %
1988	18,7	1992	17,7
1989	18,7	1993	17,5
1990	18,7	1994	19,2
1991		1995	18,6
(ab 1.4.)	17,7	1996	19,2

Rentensteigerungen seit 1959 in der Angestellten- und Arbeiterversicherung in den alten Bundesländern

Kalenderj.	in %	Kalenderj.	in %
01.01.1959	6,1	01.07.1973	11,35
01.01.1960	5,94	01.07.1974	11,2
01.01.1961	5,4	01.07.1975	11,1
01.01.1962	5,0	01.07.1976	11,0
01.01.1963	6,6	01.07.1977	9,9
01.01.1964	8,2	01.01.1979	4,5
01.01.1965	9,4	01.01.1980	4,0
01.01.1966	8,3	01.01.1981	4,0
01.01.1967	8,0	01.01.1982	5,76
01.01.1968	8,1	01.07.1983	5,59
01.01.1969	8,3	01.07.1984	3,4
01.01.1970	6,35	01.07.1985	3,0
01.01.1971	5,5	01.07.1986	2,9
01.01.1972	6,3	01.07.1987	3,8
01.07.1972	9,5	01.07.1988	3,0

Rentensteigerungen seit 1959 in der Angestellten- und Arbeiterversicherung in den alten Bundesländern

Kalenderj.	in %	Kalenderj.	in %
01.07.1989	3,0	01.07.1993	4,36
01.07.1990	3,1	01.07.1994	3,39
01.07.1991	4,7	01.07.1995	0,5
01.07.1992	2,87	01.07.1996	0,95

Rentensteigerungen seit 1961 in der Angestellten- und Arbeiterversicherung in den alten Bundesländern

Kalenderj.	in %	Kalenderj.	in %
01.01.1991	15,0	01.01.1994	3,64
01.07.1991	15,0	01.07.1994	3,45
01.01.1992	11,65	01.01.1995	2,78
01.07.1992	12,73	01.07.1995	2,48
01.01.1993	6,1	01.01.1996	4,38
01.07.1993	14,12	01.07.1996	1,21

Wertverlust durch Inflation

Nachfolgende Tabelle zeigt den Wertverlust, der sich ergibt, wenn für einen Zeitraum von 25 Jahren eine Inflationsrate von 2 Prozent, 3 Prozent oder 4 Prozent durchschnittlich pro Jahr eintritt. Bezogen auf die Rentenentwicklung wird die durch die Inflationsrate bedingte Abwertung zwar dadurch etwas gemildert, daß die Renten jährlich entsprechend der Entwicklung der Nettolöhne und -gehälter angepaßt, also dynamisiert werden. Gleichwohl ist allgemein bekannt, daß zumindest in den letzten Jahren und wohl auch in Zukunft die Nettolohnentwicklung unterhalb der Inflationsrate verläuft, also ein tatsächlicher Wertverlust eintritt.

Die Tabelle geht von einer Erwerbsunfähigkeitsrente in Höhe von 2.400 DM monatlich aus, die ein Versicherter ab der Vollendung des 52. Lebensjahres erhält und die auch später als Altersrente unverändert weitergewährt wird.

Jahr	monatliche ursprüngliche Erwerbsunfähigkeitsrente	Wert einer Erwerbsunfähigkeitsrente bei einer Inflation von		
		2 %	3 %	4 %
1	2400,00	2352,94	2330,10	2307,69
2	2400,00	2306,81	2262,23	2218,93
3	2400,00	2261,57	2196,34	2133,59
4	2400,00	2217,23	2132,37	2051,53
5	2400,00	2173,75	2070,26	1972,63
6	2400,00	2131,13	2009,96	1896,75
7	2400,00	2089,34	1951,42	1823,80

TABELLENANHANG

Jahr	monatliche ursprüngliche Erwerbsunfähigkeitsrente	Wert einer Erwerbsunfähigkeitsrente bei einer Inflation von		
		2 %	3 %	4 %
8	2400,00	2048,38	1894,58	1753,66
9	2400,00	2008,21	1839,40	1686,21
10	2400,00	1968,84	1785,83	1621,35
11	2400,00	1930,23	1733,81	1558,99
12	2400,00	1892,38	1683,31	1499,03
13	2400,00	1855,28	1634,28	1441,38
14	2400,00	1818,90	1586,68	1385,94
15	2400,00	1783,24	1540,47	1332,63
16	2400,00	1748,27	1495,60	1281,38
17	2400,00	1713,99	1452,04	1232,10
18	2400,00	1680,38	1409,75	1184,71
19	2400,00	1647,43	1368,69	1139,14
20	2400,00	1615,13	1328,82	1095,33
21	2400,00	1583,46	1290,12	1053,20
22	2400,00	1552,41	1252,54	1012,69
23	2400,00	1521,97	1216,06	973,74
24	2400,00	1492,13	1180,64	936,29
25	2400,00	1462,87	1146,25	900,28

Anschriftenverzeichnis

Hausanschrift und Telefonnummer der Träger der Arbeiterrentenversicherung

Landesversicherungsanstalten (LVA):

LVA Baden
Gartenstraße 105
76135 Karlsruhe
Tel. 0721-8250

LVA Berlin
Knobelsdorffstraße 92
14059 Berlin
Tel. 030-30020

LVA Brandenburg
Heinrich-Hildebrand-Str. 20 b
15232 Frankfurt/Oder
Tel. 0335-5510

LVA Braunschweig
Kurt-Schumacher-Straße 20
38102 Braunschweig
Tel. 0531-70060

LVA Freie u. Hansestadt Hamburg
Überseering 10
22297 Hamburg
Tel. 040-63810

LVA Hannover
Lange Weihe 2
30880 Laatzen
Tel. 0511-8291

LVA Hessen
Städelstraße 28
60591 Frankfurt/Main
Tel. 069-60520

LVA Mecklenburg-Vorpommern
Neustrelitzer Str. 120/Block D
17033 Neubrandenburg
Tel. 0395-3700

LVA Niederbayern-Oberpfalz
Am Alten Viehmarkt 2
84028 Landshut
Tel. 0871-810

LVA Oberbayern
Thomas-Dehler-Straße 3
81737 München
Tel. 089-67810

ANSCHRIFTENVERZEICHNIS

LVA Ober- und Mittelfranken
Wittelsbacherring 11
95444 Bayreuth
Tel. 0921-6070

LVA Oldenburg/Bremen
Huntestraße 11
26135 Oldenburg
Tel. 0441-9270

LVA Rheinland-Pfalz
Eichendorffstraße 4-6
67346 Speyer
Tel. 06232-170

LVA Rheinprovinz
Königsallee 71
40215 Düsseldorf
Tel. 0211-9370

LVA für das Saarland
Martin-Luther-Straße 2-4
66111 Saarbrücken
Tel. 0681-30930

LVA Sachsen
Georg-Schumann-Straße 146
04159 Leipzig
Tel. 0341-55055

LVA Sachsen-Anhalt
Paracelsusstraße 21
06114 Halle
Tel. 0345-2130

LVA Schleswig-Holstein
Kronsforderallee 2-6
23560 Lübeck
Tel. 0451-4850

LVA Schwaben
An der Blauen Kappe 18
86152 Augsburg
Tel. 0821-5000

LVA Thüringen
Kranichfelder Straße 3
99097 Erfurt
Tel. 0361-4820

LVA Unterfranken
Friedenstraße 12-14
97072 Würzburg
Tel. 0931-8020

LVA Westfalen
Gartenstraße 194
48147 Münster
Tel. 0251-2380

LVA Württemberg
Adalbert-Stifter-Str. 105
70437 Stuttgart
Tel.: 0711-8481

Anschriftenverzeichnis

Träger der Angestelltenversicherung:

Bundesversicherungsanstalt für Angestellte
Ruhrstraße 2
10709 Berlin
Tel. 030-8651

Andere Versicherungsträger:

Bahnversicherungsanstalt
Karlstraße 4-6
60329 Frankfurt/Main
Tel. 069-2651

Seekasse
Reimerstwiete 2
20457 Hamburg
Tel. 040-361370

Bundesknappschaft
Pieperstraße 14-28
44789 Bochum
Tel. 0234-3040

Kleines Wörterbuch der gesetzlichen Rentenversicherung

Aktueller Rentenwert
Mit Inkrafttreten des Rentenreformgesetzes 1992 ging ab 1.1.1992 der Aktuelle Rentenwert anstelle der Allgemeinen Bemessungsgrundlage als Bestandteil in die Rentenformel ein. Der Aktuelle Rentenwert ist ein monatlicher Rentenbetrag, der je Entgeltpunkt zu zahlen ist. Er beläuft sich auf 46,67 DM in den alten bzw. 38,38 DM in den neuen Bundesländern (Stand Juli 1996) und verändert sich zum 1.7. eines jeden Jahres.

Anpassung der Renten
Entsprechend dem Grundsatz der gleichgewichtigen Entwicklung der Renten und der verfügbaren Arbeitsentgelte der Versicherten sollen die Renten jährlich angepaßt, also dynamisiert werden. Die Anpassung erfolgt jährlich zum 1.7. und wird gesetzlich festgelegt. Der Prozentsatz der Anpassung ergibt sich aus der Veränderung der Nettolöhne der Versicherten. Des weiteren wird die Abgabenbelastung der Rentner berücksichtigt.

Aufrechnungsbescheinigung
Dies sind die Nachweise der Versicherten über geleistete Beitragszeiten zur gesetzlichen Rentenversicherung. Die früher üblichen Versicherungskarten wurden bei den zuständigen Stellen abgegeben. Dafür erhielt man Abschriften dieser Versicherungskarten, eben die Aufrechnungsbescheinigungen.

Beitragsbemessungsgrenze

Beiträge zur gesetzlichen Rentenversicherung sind nicht unbegrenzt für jedes Einkommen zu entrichten. Keine Beiträge sind für Einkommensteile zu entrichten, die die Beitragsbemessungsgrenze übersteigen. Die Beitragsbemessungsgrenze in der gesetzlichen Rentenversicherung beträgt 8.000 DM monatlich bzw. 96.000 DM jährlich in den alten Bundesländern sowie 6.800 DM monatlich bzw. 81.600 DM jährlich in den neuen Bundesländern (Stand 1996). Sie verändert sich in den Folgejahren entsprechend der Entwicklung der Bruttoarbeitsentgelte.

Bescheid

Der Abschluß eines sogenannten Verwaltungsaktes, zum Beispiel des Rentenantrages, ist der Bescheid. Ein Bescheid ist unter anderem daran erkennbar, daß er eine Rechtsmittelbelehrung enthält (siehe das entsprechende Stichwort).

Durchschnittliches Bruttoarbeitsentgelt

Dies ist das jeweilige jährliche Arbeitsentgelt aller Versicherten der Rentenversicherung der Angestellten und der Arbeiter, jedoch ohne das Arbeitsentgelt von Lehrlingen und Anlernlingen.

Entgeltpunkte

Die Entgeltpunkte drücken das Verhältnis aus, in dem das Arbeitsentgelt des Versicherten zu dem durchschnittlichen Arbeitsentgelt aller Versicherten gestanden hat. Die Entgeltpunkte wurden anstelle der Werteinheiten ab 1.1.1992 durch das Rentenreformgesetz 1992 eingeführt (1,0000 Entgeltpunkte = 100,00 Werteinheiten). Die Summe aller Entgeltpunkte ermittelt sich im wesentlichen aus den Entgeltpunkten aus

Beitragszeiten, beitragsfreien und beitragsgeminderten Zeiten. Multipliziert man die Summe aller Entgeltpunkte mit dem Zugangsfaktor (siehe das entsprechende Stichwort), so erhält man die persönlichen Entgeltpunkte, die als Bestandteil in die Rentenformel mit eingehen.

Pauschale Anrechnungszeit
Können Anrechnungszeiten aus zurückliegenden Jahren (vor dem 1.1.1957) nicht mehr nachgewiesen werden, so wird eine pauschale Anrechnungszeit gewährt. Diese wird auch dann gewährt, wenn tatsächliche Anrechnungszeiten zu einer geringeren Bewertung führen als die pauschale Anrechnungszeit.

Rechtsmittelbelehrung
Hiermit wird dem Versicherten, der einen Bescheid (zum Beispiel Rentenbescheid) erhält, mitgeteilt, bei welcher Stelle er Widerspruch einlegen oder Klage erheben kann, wenn er mit dem Bescheid nicht einverstanden ist, beispielsweise weil bestimmte Versicherungszeiten nicht anerkannt wurden. Wichtig ist für die Einlegung der Rechtsmittel die Einhaltung der in der Rechtsmittelbelehrung genannten Frist.

Rentenartfaktor
Der Rentenartfaktor ist seit dem 1.1.1992 Bestandteil der Rentenformel. Er beträgt für persönliche Entgeltpunkte bei

- Renten wegen Alters 1,0
- Renten wegen Berufsunfähigkeit 0,6667
- Renten wegen Erwerbsunfähigkeit 1,0
- Erziehungsrenten 1,0
- große Witwen- und Witwerrenten 0,6
- kleine Witwen- und Witwerrenten 0,25

- Halbwaisenrenten   0,1
- Vollwaisenrenten   0,2

Rentenformel
In einer Formel ausgedrückt, ist die Rente wie folgt zu berechnen:
Monatsrente = Rentenartfaktor x persönl. Entgeltpunkte x aktueller Rentenwert.

Rentenversicherungsträger
Die Rentenversicherung wird von öffentlich-rechtlichen Körperschaften (Rentenversicherungsträgern) durchgeführt. Träger der Rentenversicherung sind: die Bundesversicherungsanstalt für Angestellte (BfA), die Landesversicherungsanstalten für Arbeiter (LVA), die Bundesknappschaft sowie die Sonderanstalten (die Bahnversicherungsanstalt, die Seekasse).

Versicherungsfall
Der Versicherungsfall (auch Rentenfall genannt) ist das Ereignis, bei dessen Eintritt die Rentenversicherung Schutz, das heißt Rentenleistungen gewährt, sofern alle erforderlichen Voraussetzungen erfüllt sind.

Versicherungsjahre
Versicherungsjahre sind alle Zeiten, die bei der Rentenermittlung berücksichtigt werden. Das sind Beitragszeiten, Anrechnungszeiten und Berücksichtigungszeiten sowie gegebenenfalls die Zurechnungszeit.

Versicherungskarten
Bis 1972 wurden die versicherungspflichtigen Arbeitsentgelte vom Arbeitgeber in Versicherungskarten eingetragen. Auch Beitragsmarken wurden in die Versiche-

rungskarten eingeklebt. War die Versicherungskarte nach einer Anzahl von Eintragungen oder Entrichtung von Beitragsmarken ausgefüllt, so wurde die Versicherungskarte „aufgerechnet": Man erhielt eine Aufrechnungsbescheinigung und eine neue Versicherungskarte.

Zugangsfaktor
Der Zugangsfaktor richtet sich nach dem Alter des Versicherten bei Rentenbeginn und bestimmt, in welchem Umfang die Entgeltpunkte bei der Ermittlung der Monatsrente zu berücksichtigen sind.
Der Zugangsfaktor beträgt 1,000 bei
- Renten wegen verminderter Erwerbsfähigkeit
- Renten wegen Todes und
- Renten wegen Alters bei der maßgeblichen Altersgrenze.

Der Zugangsfaktor reduziert sich um 0,003 für jeden Kalendermonat der vorzeitigen Inanspruchnahme der Rente wegen Alters vor der maßgeblichen Altersgrenze. Der Zugangsfaktor erhöht sich um 0,005 für jeden Kalendermonat der späteren Inanspruchnahme der Rente wegen Alters nach der Vollendung des 65. Lebensjahres.

Register

Altersgrenze 10, 70 f., 75 ff., 150
Altersrente 10 f., 70 ff., 150
Altersversorgung 86, 91, 96, 102, 104 ff., 121, 125, 128
Anpassung der Renten 146
Anrechnungszeiten 39 ff., 130, 148 f.
Antrag 10, 22 ff., 30 ff., 40, 86, 93, 129 ff.
Arbeitslosigkeit 11, 15 f., 40, 43, 70, 75 ff., 83
Ausbildungszeit 10, 39 ff., 47 f., 52, 64 ff., 130

Befreiung von der Versicherungspflicht 25
Beitragsbemessungsgrenze 21, 25, 55, 80, 84, 90 ff., 135 ff., 147
Beitragssätze 135, 139 f.
Beitragszeiten 15, 20 ff., 47, 129 f., 146 ff.
Berufsunfähigkeitsrente 11 15, 18 f., 47, 49, 65 ff., 80 ff., 94 f., 109 f., 119 ff., 126 ff., 148
Berücksichtigungszeiten 39 ff., 130, 149
Bescheid 147 f.

Betriebliche Altersversorgung 99, 104 ff.
Bewertung 27, 30, 61, 148
Bezugsgröße 17, 23, 37

Durchschnittswert 40, 49 f.

Eigenvorsorge 59, 113 ff.
Einkommensanrechnung 8, 85 ff.
Entgeltpunkte 45 ff., 60 ff., 147 ff.
Ersatzzeiten 39 ff., 129 f.
Ertragsanteil 94 ff.
Erwerbsunfähigkeitsrente 12, 15, 18 f., 26 f., 38, 47, 67
Erziehungsrente 12, 67, 85 ff., 148

Freiwillige Beiträge 19, 26 ff., 35, 61

REGISTER

Halbwaisenrente 12, 15,
47, 67, 148
Hinterbliebenenrente
59 f., 75, 85 ff.,
Hinzuverdienst 80 ff.
Höchstbeitrag 25, 28

Invalidenrente 106

Kindererziehung 22, 29 ff.,
38, 42, 56 f., 64 ff., 129
Kontenklärung 130 f.,
Krankenkasse 36 ff., 90 ff,
130
Krankenversicherung 8, 48,
90 ff.
Kürzungsbetrag 88

Lebensversicherung 86, 89,
96, 102, 107 ff., 115 ff.,
127

Mindestbeitrag 19, 28, 120
Monatsrente 149

Nachweise 129 f., 146

Pflege 23, 36 ff., 86
Pflegeversicherung 36 ff.,
86, 90 ff.
Pflichtbeiträge 16, 18, 20 ff.,
37 f., 40, 43, 62
Pflichtversicherung 20,
24 ff.

Regelbeitrag 23
Rentenanwartschaft 30,
47 ff., 65, 97 ff., 106
Rentenartfaktor 148 f.
Rentenberechnung
44 ff.
Rentenformel 146,
148 f.,
Rentenhöhe 44 ff.
Rentenreformgesetz 10,
30, 70 f., 146 f.
Rentensteigerung 24 f.,
28 f., 35 f., 43, 135,
140 ff.
Rentenversicherungs-
träger 145 ff., 149

Schulzeit 8, 39 ff.,
47 f., 52, 64 ff., 130
Sondervoraussetzungen
14, 18 f.
Steuern 94 ff., 107 f.

Teilrente 11, 84

Umlageverfahren 7
Unterhaltsverpflichtete
13
Unterhaltsberechtigte
13

Versicherungsfall 45, 149
Versicherungsverlauf 28, 47 ff., 130
Versorgungsausgleich 97 ff.,
Versorgungslücke 21, 59, 69, 113 f.
Versorgungswerk 25, 86, 102
Vollrente 11, 83 f.,
Vollwaisenrente 12, 15, 47, 67, 149
Voraussetzungen 14 ff., 24 f., 37

Waisenrente 12 f., 15, 47, 49, 67, 85, 87
Wartezeit 14 ff., 18, 26 f., 29, 35, 37, 41 f., 105
Witwen(r)rente 12, 15, 47, 49 ff., 57 f., 65, 67, 85 ff., 91, 122, 124, 148 f.

Zugangsfaktor 150
Zurechnungszeit 39 ff., 49 f., 65 ff.

Mensch und Gesundheit

Die Heilkraft der Pflanzen
Von S. Poth - 208 S.,
194 Farbfotos, gebunden
ISBN: 3-8068-**4862**-9
Preis: DM 39,90

Vorgestellt werden etwa 100 Heilpflanzen mit botanischer Beschreibung, Inhaltsstoffen, Einsatzmöglichkeiten und Besonderheiten. Die einzelnen Pflanzen sind den Krankheiten zugeordnet - der medizinische Laie findet sofort die für ihn relevanten Pflanzen.

Neurodermitis
Von Prof. Dr. med. S. Borelli,
Prof. Dr. med. J. Rakoski
136 S., 6 s/w-Fotos, 10 s/w-Zeichnungen, kartoniert
ISBN: 3-8068-**1649**-2
Preis: DM 24,90

Viele Menschen leiden unter Neurodermitis. Da es verschiedene Auslöser gibt, haben zahlreiche Betroffene bereits fehlgeschlagene Therapieversuche hinter sich. Dieses Buch hilft ihnen und ihren Angehörigen, den individuell richtigen Umgang mit der Erkrankung zu erlernen.

Rückenschmerzen
Von G. Leibold - 112 S.,
zweifarbig, 30 Zeichnungen,
kartoniert
ISBN: 3-635-**60059**-8
Preis: DM 14,90

Haben Sie auch Rückenschmerzen? Dieser Ratgeber beschreibt die Ursachen, erklärt allgemein verständlich die Krankheitsbilder und informiert über natürliche Heilweisen.

Allergien
Von G. Leibold - 100 S.,
4 Zeichnungen, kartoniert
ISBN: 3-635-**60057**-1
Preis: DM 12,90

Leiden Sie auch unter Heuschnupfen, einer Hausstaub- oder Sonnenallergie? Dieser Ratgeber will helfen, Allergien zu lindern und zu heilen. Er beschreibt allgemein verständlich den Aufbau des menschlichen Abwehrsystems, die verschiedenen Ursachen für Allergien, erklärt ihre Symptome und informiert über natürliche Heilweisen.

Autogenes Training
Von R. Faller - 110 S.,
3 s/w-Zeichnungen, kartoniert
ISBN: 3-635-**60009**-1
Preis: DM 9,90

Durch autogenes Training haben bereits Millionen Menschen zu mehr Lebensfreude und Selbstsicherheit gefunden. Die in diesem Buch dargestellten Übungen führen stufenweise zur positiven Beeinflussung der seelischen Haltung und zu völliger Entspannung.

Fußsohlenmassage
Von G. Leibold - 96 S.,
73 Zeichnungen, kartoniert
ISBN: 3-635-**60036**-9
Preis: DM 11,90

In China entdeckte man schon vor Tausenden von Jahren, daß zahlreiche Zonen des Fußes in einer besonderen Art reflektorischer Beziehung zum übrigen Körper stehen. In diesem praxisorientierten Ratgeber erfahren Sie, wie Sie die heilsamen Wirkungen der Fußmassage für sich selbst nutzen können.

Trennkost

Leben mit Trennkost
Von U. Summ - 144 S.,
215 Abbildungen, gebunden
ISBN: 3-8068-4760-6
Preis: DM 29,90

Trennkost heute - das ist mehr als nur eine gesunde Ernährungsform! Die Erfolgsautorin Ursula Summ präsentiert in diesem Buch die Trennkost mit ganzheitlichem Ansatz, der es Ihnen ermöglicht, Ihre individuelle Körperharmonie zu finden. Im Rezeptteil finden Sie über 100 attraktive Rezepte für alle Mahlzeiten des Tages.

Trennkost
Von U. Summ - 160 S.,
40 Farbzeichnungen, kartoniert
ISBN: 3-635-60023-7
Preis: DM 12,90

Sie möchten sich rundum wohlfühlen und auch ein paar Pfunde verlieren? Dann ist die Trennkost, das erfolgreiche Ernährungskonzept der 90er Jahre, genau richtig für Sie. Diese kompetente Einführung mit über 120 Rezepten zeigt Ihnen, wie´s geht.

Das große Buch der Trennkost
Von U. Summ - 128 S.,
116 Farbfotos, gebunden
ISBN: 3-8068-4498-4
Preis: DM 29,90

Für viele ist Trennkost die "beste Diät der Welt". Was verbirgt sich hinter dem Wort Trennkost? Dieses Buch beantwortet alle Fragen zum Thema Trennkost und präsentiert über 130 neue Rezepte für einzelne Tagesmahlzeiten.

Trennkost aus ärztlicher Sicht
Von Dr. med. T. M. Heintze
96 S., zweifarbig, kartoniert
ISBN: 3-635-60259-0
Preis: DM 12,90

Was ist Trennkost? Wie wirkt sie auf unseren Körper? Ist es tatsächlich möglich, mit Hilfe dieses ganzheitlichen Ernährungskonzeptes Krankheiten zu besiegen? Auf diese und viele andere Fragen zum Thema gibt der Autor Antworten aus medizinischer Sicht.

Trennkost leichtgemacht für Berufstätige
Von U. Summ - 128 S.,
100 Farbfotos, gebunden
ISBN: 3-8068-4890-4
Preis: DM 29,90

Berufstätige, die sich trotz Zeitmangel und Streß mit Trennkost ernähren möchten, finden in diesem Buch grundlegende Informationen und über 100 unkomplizierte Rezepte für den ganzen Tag.

Trennkost für 1 Person
Von U. Summ - 112 S.,
135 Farbfotos, gebunden
ISBN: 3-8068-4851-3
Preis: DM 29,90

Dieses Buch ist für Singles und andere Menschen, die abnehmen möchten: Alle der über 90 Rezepte sind berechnet für eine Person. Darüber hinaus gibt es viele praktische Tips für den Alltag, z.B. für das Essen im Restaurant und auf Reisen sowie für Berufstätige.

Spiele

Kartenspiele für eine Person
Von M. Fuchs, R. Luwisch
80 S., durchgehend zweifarbig, kartoniert,
ISBN: 3-8068-1689-1
Preis: DM 16,90

Kartenspiele für Zwei
Von M. Fuchs, R. Luwisch
80 S., zweifarbig, 95 Zeichnungen, kartoniert
ISBN: 3-8068-1694-8
Preis: DM 16,90

Bridge für Einsteiger
Von B. Ludewig - 104 S., zweifarbig, 3 s/w-Fotos, kartoniert
ISBN: 3-8068-1691-3
Preis: DM 16,90

Schach für Einsteiger
Von E. Heyken - 128 S., durchgehend zweifarbig, kartoniert
ISBN: 3-8068-1724-3
Preis: DM 19,90

Es gibt wohl kaum etwas, das so abwechslungsreich ist wie spielen. Denn egal, ob allein, zu zweit oder in größerer Runde, ob zu Haus, auf einer Party oder auf Reisen, immer gibt es zahlreiche Spielideen - doch kennen muß man sie. Damit dies zukünftig kein Problem mehr ist, gibt es die FALKEN Spiele-Bibliothek, die kompakt, übersichtlich und leicht nachvollziehbar alle bekannten Spiele vorstellt.

Backgammon für Einsteiger
Von M. B. Fischer, E. Heyken
104 S., 172 s/w-Zeichnungen, kart.
ISBN: 3-8068-1690-5
Preis: DM 16,90

Denkspielereien für helle Köpfe
Von T. Werneck - 80 S., durchgehend zweifarbig, kartoniert
ISBN: 3-8068-1695-6
Preis: DM 16,90

Mah-Jongg
Von D. Köhnen - 64 S., 62 s/w-Zeichnungen, kartoniert
ISBN: 3-8068-1693-X
Preis: DM 16,90

Go für Einsteiger
Von H. Otake, S. Futakuchi - 176 S., 606 s/w-Zeichnungen, kart.
ISBN: 3-8068-1692-1
Preis: DM 24,90

Spielereien mit Logik
Von D. Köhnen, J. Gansweid - 64 S., mit zwei integrierten Spielebogen, 158 Zeichnungen, kartoniert
ISBN: 3-8068-1661-1
Preis: DM 16,90

Spielideen für Partys
Von E. und H. Bücken - 88 S., durchgehend zweifarbig, kartoniert
ISBN: 3-8068-1725-1
Preis: DM 16,90

Kreatives Gestalten

Geldgeschenke
Von M. Funck - 32 S.
ISBN: 3-8068-1763-4

Laternen aus Papier
Von M. Neubacher-Fesser - 16 S.
ISBN: 3-8068-1759-6

Basteln fürs Kinderzimmer
Von A. Fürst - 16 S.
ISBN: 3-8068-1762-6

Fan-Freundschaftsbänder
Von M. Busch - 16 S.
ISBN: 3-8068-1765-0

Geschenkideen aus Moosgummi
Von P. Boniberger - 24 S.
ISBN: 3-8068-1760-X

Basteleien für Weihnachten
Von M. Neubacher-Fesser - 16 S.
ISBN: 3-8068-1764-2

Zu aktuellen Trends und traditionellen Themen zeigt die Reihe Einfach kreativ besonders schöne, ausgewählte Objekte, die ausführlich vorgestellt werden. Die Anleitungen sind übersichtlich auf je einer Buchseite angeordnet, auf der gegenüberliegenden Seite ist das Bastelobjekt auf einem ganzseitigen Foto zu sehen. Im Anhang dazu die Vorlagen in Originalgröße: zum problemlosen Abpausen oder Nacharbeiten.

Alle Bücher sind durchgehend vierfarbig, kartoniert und kosten **DM 12,95**

Freundschaftsbänder
Von A. Neeb, E. Walch u.a.
64 S., durchgehend vierfarbig, kartoniert,
ISBN: 3-8068-1720-0
Preis: DM 19,90

Dieses Buch stellt die große Material- und Stilvielfalt von Freundschaftsbändern vor: klassische Knoten und Muster, Makrameeknoten, Geflochtenes, Webarbeiten mit Indianerperlen und vieles mehr. Alle Bänder sind großformatig abgebildet und werden Schritt für Schritt erklärt.

Artischockentechnik
Von M. von Perbandt, K. Teuber
64 S., 51 Farbfotos, 24 farbige Zeichnungen, kartoniert
ISBN: 3-8068-1682-4
Preis: DM 19,90

Die Artischockentechnik zählt zu den beliebten Formen der kreativen Oberflächengestaltung. Neben einem ausführlichen Grundtechnikteil zeigt dieses Buch viele neue Gestaltungsideen, bei denen dieses Hobby seinen Einsatz findet.

Kreuzstich - Bordüren, Bänder und Schleifen
Von M. Busch - 80 S., 41 Farbfotos, 55 Zählvorlagen, kartoniert
ISBN: 3-8068-1336-1
Preis: DM 19,90

Ob gestickte Kostbarkeiten für ein schönes Zuhause oder liebevolle Geschenkideen - dekorative Kreuzstichbordüren kommen nie aus der Mode und lassen sich vielfältig nutzen.

Umgangsformen heute
Von H.-G. Schnitzer - 275 S.,
ca. 120 Fotos, 17 Illustrationen, geb.
ISBN: 3-8068-4876-9
Preis: DM 29,90

Gute Umgangsformen, Takt und Hilfsbereitschaft sind nicht aus der Mode gekommen - ob bei Tisch oder am Arbeitsplatz, auf der Party oder beim Besuch der Schwiegermutter. Dieses nach Sachthemen gegliederte Handbuch versteht sich eher als Verhaltensempfehlung denn als "Benimm"-Vorschrift.

ABC der modernen Umgangsformen
Von I. Wolff - 222 S.,
132 zweifarbige Zeichnungen, geb.
ISBN: 3-8068-4754-1
Preis: DM 29,90

Umgangsformen - wir alle brauchen sie täglich. Aber wie das Leben, wandeln sich auch die Regeln des Zusammenlebens. Für alle, die eine klare und verläßliche Antwort auf die Frage "Was ist angebracht?" suchen, ist dieses Lexikon eine wertvolle Hilfe.

Der gute Ton im Privatleben
Von R. Bartels - 104 S.,
50 s/w-Zeichnungen, kartoniert
ISBN: 3-635-60097-0
Preis: DM 12,90

Die Spielregeln für den zwischenmenschlichen Umgang haben sich gewandelt, zentral geblieben ist jedoch die Forderung, sich um rücksichtsvolles Verhalten zu bemühen. Dieser Ratgeber berät Sie in allen Fragen, die sich im modernen Miteinander ergeben.

Umgangsformen im Berufsleben
Von R. Bartels - 80 S., kartoniert
ISBN: 3-635-60112-8
Preis: DM 9,90

Wer sich am Arbeitsplatz wohl fühlen und im Beruf vorankommen möchte, der muß das Einmaleins des guten Tons beherrschen. Doch welche Regeln gelten? Dieser moderne Knigge nimmt Abschied von alten Zöpfen und gibt Auskunft über zeitgemäße Umgangsformen im Berufsleben.

Richtig auftreten im Beruf
Von G. Teusen - 144 S.,
7 s/w-Zeichnungen, kartoniert
ISBN: 3-8068-1657-3
Preis: DM 19,90

Eine gute Ausbildung, Selbständigkeit und Selbstbewußtsein sind heute für die meisten berufstätigen Frauen zur Selbstverständlichkeit geworden. Unsicherheit herrscht hingegen häufig im Bereich der Umgangsformen. Dieser kompetente Knigge hilft und verrät, welche Verhaltensregeln zeitgemäß sind.

Krawatten
Von M. Adam - 48 S.,
vierfarbig, zahlreiche Fotos und Zeichnungen, gebunden
ISBN: 3-8068-1519-4
Preis: DM 14,90

Ob dezent gemustert oder farbenfroh bedruckt - mit der Krawatte läßt sich individueller Stil demonstrieren. Für alle Männer, die ihrem textilen Halsschmuck den letzten Pfiff geben wollen, ist dieser attraktiv illustrierte Ratgeber eine verläßliche Hilfe.

Getränke

FALKEN Mixbuch
Hrsg.: P. Bohrmann - 560 S.,
227 Farbfotos, gebunden
ISBN: 3-8068-**4733**-9
Preis: DM 39,90

Mixen wie ein Profi - mit Hilfe dieses Buches ist das kein Problem! 1.444 Rezepte warten darauf, gemixt zu werden. Eine ausführliche Warenkunde für alle Zutaten sowie viele Tips und Tricks zur Zubereitung und zum Dekorieren garantieren optimales Gelingen und vollendeten Genuß.

Cocktails und Drinks
Hrsg: S. Kieslich - 64 S.,
70 Farbfotos, kartoniert
ISBN: 3-8068-**1292**-6
Preis: DM 9,90

Von klassischen Aperitifs, After-Dinner-Drinks und Cocktails bis hin zu exotischen Longdrinks und Bowlen mit und ohne Alkohol reicht die bunte Palette der Rezepte in diesem Buch.

Alkoholfreie Drinks
Hrsg.: B. Schwiers - 64 S.,
50 Farbfotos, kartoniert
ISBN: 3-8068-**1494**-5
Preis: DM 9,90

Es geht auch "ohne". Verwöhnen Sie sich und Ihre Gäste mal mit Drinks ohne Alkohol. Das Buch zeigt Ihnen die große Vielfalt der alkoholfreien Mixgetränke von kalorienarmen Light Drinks über exotische Tropical Drinks bis zu verführerischen Milchshakes.

Weinlexikon
Von Dr. H. Ambrosi - 384 S.,
ca. 250 Farbfotos und Abbildungen, gebunden
ISBN: 3-8068-**4942**-0
Preis: DM 39,90

Alles über den Wein in mehr als 1.500 Stichworten und rund 250 Abbildungen: Anbau und Lagen, Herstellung und Lagerung, Weinbauländer, Rebsorten und vieles mehr. Fachbegriffe werden erklärt, Weine zum Essen empfehlen, Weinproben geschildert.

Wein richtig genießen lernen
Von Dr. H. Ambrosi, I. Swoboda
128 S., 64 Farbfotos, gebunden
ISBN: 3-8068-**4809**-2
Preis: DM 24,90

Dieses Buch vermittelt das Grundwissen, das benötigt wird, um einen Wein fachgerecht beurteilen zu können. Dabei ist es weit entfernt von Fachbelehrung und trockener Wissenschaft.

Was Weinfreunde wissen wollen
Von Prof. Dr. K. Röder, H.-G. Dörr
224 S., kartoniert
ISBN: 3-8068-**1224**-1
Preis: DM 16,90

Über 130 der häufigsten Fragen zum Thema Wein werden in diesem Buch beantwortet. So erhält der Weinfreund grundlegende Informationen über Weinbau, Weinqualität, Weinproben, Lagerung und Haltbarkeit.

Feste feiern/Verse

FALKEN TaschenBuch

Feste feiern
Von C. Kast - 128 S.,
172 Farbfotos, gebunden
ISBN: 3-8068-4825-4
Preis: DM 39,90

Schluß mit öden Familienfeiern, Kinderfesten nach Schema F und langweiligen Feiern im Freundeskreis! Dieser freundin-Ratgeber präsentiert eine bunte Palette an originellen Festvorschlägen für Feste in der Wohnung und für Grillpartys, für Kinderfeste und Familienfeiern.

Geburt und Taufe feiern
Von S. Ahrndt - 112 S.,
80 Farbfotos, 46 Farbzeichnungen, kartoniert
ISBN: 3-8068-1443-0
Preis: DM 19,80

Ein besonders schöner Anlaß, im Familien- und Freundeskreis zusammenzukommen, ist die Feier von Geburt und Taufe. Dieser Ratgeber hilft bei Planung sowie Durchführung und bietet daneben viele andere nützliche Anregungen.

Geburtstagsfeiern für jedes Alter
Von S. Ahrndt - 120 S.,
145 Farbfotos, 28 farbige Zeichnungen, kartoniert
ISBN: 3-8068-1382-5
Preis: DM 19,90

Ob Kindergeburtstag oder Geburtstagsparty, ob Geburtstagsfrühstück, Kaffeetafel oder eine Feier mit Arbeitskollegen - mit Hilfe dieses reichbebilderten Ratgebers wird jeder Geburtstag zu einem unvergeßlichen Ereignis.

Die neue Glückwunschfibel
Von R. Christian-Hildebrandt
106 S., 34 Zeichnungen, kartoniert
ISBN: 3-635-60031-8
Preis: DM 9,90

Nichts ist so schön wie der Gedanke, liebe Menschen zu erfreuen, sei es mit einer Karte, einem Brief oder einem Glückwunschtelegramm. Dieses Buch enthält eine Vielzahl von Glückwünschen in Versform und in Prosa für die Feste im Laufe eines Jahres.

Glückwunschverse für Kinder
Von B. Ulrici - 112 S.,
26 s/w-Fotos, kartoniert
ISBN: 3-635-60092-X
Preis: DM 12,90

Wenn Kinder bei festlichen Anlässen Glückwünsche in Gedichtform vortragen, erfreut ein gelungener Auftritt die Herzen aller Beteiligten. Dieser illustrierte Ratgeber bietet eine Fülle von leicht zu lernenden, klassischen und originellen modernen Versen für jede Gelegenheit.

Kindergedichte für Familienfeste
Von B. H. Bull - 98 S.,
30 Zeichnungen, kartoniert
ISBN: 3-635-60050-4
Preis: DM 12,90

Ob zum Muttertag, zum Valentinstag oder zum Nikolaus, dieses Buch bietet mit unzähligen Gedichten einen wertvollen Fundus für Kinder und Erwachsene.